O MUNDO É PEQUENO

Actual Editora
Conjuntura Actual Editora, S.A.
Rua Luciano Cordeiro, n.º 123- 1.º Esq.
1069-157 Lisboa
Portugal

Tel.: (+351) 21 3190243
Fax: (+351) 21 3190249
www.actualeditora.com

A member of BPR
www.businesspublishersroundtable.com

Copyright: © Miguel Pereira Lopes e Miguel Pina e Cunha

Edição: Actual Editora – Fevereiro 2011
Todos os direitos para a publicação desta obra reservados
para Conjuntura Actual Editora, S.A.

Revisão: Marcelino Amaral
Design da capa: FBA
Paginação: Papelmunde
Gráfica: Papelmunde

Depósito legal: 323072/11

Biblioteca Nacional de Portugal – Catalogação na Publicação

LOPES, Miguel Pereira
CUNHA. Miguel Pina

O mundo é pequeno: o que podemos aprender sobre o *networking* e as
redes sociais / Miguel Pereira Lopes, Miguel Pina e Cunha

ISBN: 978-989-694-009-6

CDU 005
     316

Nenhuma parte deste livro pode ser utilizada ou reproduzida, no todo ou
em parte, por qualquer processo mecânico, fotográfico, electrónico ou de
gravação, ou qualquer outra forma copiada, para uso público ou privado
(além do uso legal como breve citação em artigos e críticas) sem autorização
prévia, por escrito, da Actual Editora.

Este livro não pode ser emprestado, revendido, alugado ou estar disponível
em qualquer forma comercial que não seja o seu actual formato sem o
consentimento da editora.

Vendas especiais:
Os livros da Actual Editora estão disponíveis com desconto para compras de
maior volume por parte de empresas, associações, universidades e outras
entidades interessadas. Edições especiais, incluindo capa personalizada, podem
ser-nos encomendadas. Para mais informações, entre em contacto connosco.

O MUNDO É PEQUENO
O que podemos aprender sobre o networking e as redes sociais

MIGUEL PEREIRA LOPES
MIGUEL PINA E CUNHA

Prefácio

Quando um investigador e um professor universitário, Miguel Pereira Lopes e Miguel Pina e Cunha, ambos doutorados, me vieram solicitar para escrever o prefácio de um livro sobre redes sociais, julguei que o mesmo trataria da caracterização e análise das modernas redes sociais electrónicas presentes na internet, às quais, como se sabe, têm vindo a aderir milhões de participantes.

Sendo esse um tema interessante considero ainda mais fundamental o diferente caminho seguido pelos autores: o estudo e a análise das redes sociais como elemento intemporal da vida em sociedade e da realização humana.

Ou seja, este livro procura contribuir para uma melhor compreensão da forma como estabelecemos a nossas relações com outros elementos da sociedade, e de como o podemos fazer retirando um maior benefício dessas relações, independentemente dos instrumentos e meios de comunicação utilizados.

Fá-lo numa perspectiva de redes sociais, analisando a sua génese, estrutura, dimensão, organização, hierarquia, papel de cada membro na rede e tipo de laços existentes e não na perspectiva de uma relação bilateral apenas entre duas pessoas ou sequer do tipo de relação existente entre um dirigente ou líder e os membros da sua equipa. Aí outras questões se levantariam.

É importante para a nossa vida pessoal ou profissional termos uma elevada consciência das redes sociais, dos contactos que existem entre as pessoas, daquelas redes de que já fazemos parte, e das que poderemos no futuro vir a fazer.

Por um lado, porque não conseguiremos compreender na plenitude como é que a sociedade funciona se não conhecermos como os seus vários subconjuntos, as suas redes sociais, funcionam e interagem umas com as outras.

Depois, porque a existência das redes sociais, já existentes ou potenciais, é uma fonte de oportunidades para melhor nos realizarmos e eventualmente virmos a alcançar os nossos próprios objectivos.

A forma como nos integramos em redes sociais pode determinar a maior ou menor probabilidade de conseguirmos um melhor emprego, de efectuar um negócio, de chegarmos à fala com uma determinada pessoa, de planearmos mais eficazmente uma viagem ou um evento, de resolvermos um problema de saúde, ou de acedermos a novos elementos para um estudo que estamos a realizar.

Claro que não devemos alimentar a ilusão de que basta estarmos inseridos em determinadas redes sociais para que todos os nossos problemas venham a ficar resolvidos.

Muito menos devemos utilizar as redes sociais de uma forma perversa e pouco transparente, escondendo os nossos propósitos numa óptica de que os fins justificam os meios. Não é naturalmente objectivo dos autores deste livro aconselhar os leitores a encontrar formas dissimuladas, maquiavélicas ou sequer forçadas de entrar em redes sociais.

Antes do mais, devemos buscar e privilegiar a nossa própria formação, desenvolvimento e equilíbrio interno e no nosso meio familiar, bem como o nosso comportamento ético na sociedade. Assim, estaremos também mais bem preparados para fazer parte de determinadas redes sociais, de uma forma virtuosa, franca, recíproca e o mais transparente possível.

Umas palavras finais sobre o que poderá faltar neste livro sobre redes sociais.

Talvez fazer mais detalhadamente a aplicação dos fundamentos das redes sociais para as redes electrónicas sociais, agora tão em voga.

Talvez melhor explicitar como a existência das redes sociais pode contribuir para uma sociedade civil mais activa e como já contribuiu para determinados processos de mudança em muitas sociedades.

Talvez demonstrar mais claramente a influência das redes sociais na vida de muitas das personalidades mais conhecidas da nossa história, nacional e internacional, não só políticos mas também empresários, artistas, filósofos ou outros.

Talvez analisar em que medida a nossa relação com as redes sociais se vai alterando ao longo da nossa vida.

Quando se escreve um livro sobre um tema tão abrangente como este podemos sempre lembrarmo-nos do muito que poderá faltar.

Mas os autores já merecerão um reconhecimento especial se vierem a conseguir sensibilizar um número significativo de leitores para a importância das redes sociais e respectiva gestão, levando-os a melhor compreender as suas vantagens e riscos.

Neste mundo cada vez mais global e competitivo, com o elevado desenvolvimento das tecnologias de informação e comunicação, é cada vez mais fácil criar e multiplicar redes sociais. Mas também será cada vez mais importante saber avaliá-las, escrutiná-las e seleccioná-las e nelas encontrar o nosso espaço buscando a nossa realização não só profissional mas mais genericamente a nossa realização e bem-estar pessoal.

António Carrapatoso

Introdução

Toda a realização humana é uma realização social. O ponto é verdadeiro no sentido em que tudo o que individualmente possamos alcançar é fruto dos contextos sociais a que pertencemos. As *redes sociais* de que fazemos parte constituem um factor determinante dos nossos comportamentos e dos sucessos que vamos alcançando ao longo da vida.

Conhecer os princípios fundamentais do funcionamento das redes sociais é por isso um imperativo para todos aqueles que ambicionam agir sobre a realidade que os rodeia em vez de se limitarem a responder passivamente a um contexto que se vai tornando mais competitivo e exigente. Compreender como «trabalham» essas redes e como podem ser «trabalhadas», constitui, no limite, uma questão de sobrevivência.

Como conseguem algumas pessoas aumentar a sua rede de amigos, a sua carteira de clientes, a sua base de influência política? Porque têm alguns relativa facilidade em encontrar um novo emprego, em falar com uma pessoa VIP, ou em obter dos outros o que procuram? O que fazer para encontrar alguém que se esconde, como um contrabandista, um terrorista ou um traficante de droga? Como tirar partido das redes sociais para gerir com maior eficácia? Enfim, como nos podemos tornar proficientes na «arte de trabalhar as redes sociais» e influenciar o comportamento dos outros em função dos nossos objectivos?

Foi com o intuito de encontrar respostas para estas e outras questões semelhantes que este livro foi escrito. Com ele se procura sistematizar os conhecimentos-base sobre a forma de trabalhar as redes sociais, ou seja, sobre como desenvolver as nossas capacidades de *networking* e de relacionamento social produtivo.

O livro está organizado em seis capítulos e termina com um capítulo conclusivo. O primeiro capítulo começa por apresentar os estudos pioneiros sobre redes sociais levados a cabo por psicólogos sociais e sociólogos. Neles se incluem as investigações do psicólogo norte-americano Stanley Milgram que deram origem à célebre regra dos «seis graus de separação». Neste primeiro capítulo, é ainda apresentada a principal razão pela qual temos de gerir estrategicamente as relações sociais e as redes de contactos: estamos mental e temporalmente limitados e, como tal, o tempo investido em *networking* é um recurso escasso que precisa de ser gerido. Entre outras coisas, o leitor encontrará aqui o número máximo de contactos que consegue gerir de forma próxima. E olhe que não são muitos...

No segundo capítulo é explorado o conceito mais nuclear das teorias sobre redes sociais: a centralidade. Ins-

INTRODUÇÃO

pirados pelo facto de determinados indivíduos se revelarem verdadeiras «estrelas sociais», no sentido em que todos se procuram aproximar deles e com eles interagir, muitos cientistas sociais têm procurado compreender como conseguem esses indivíduos alcançar tais posições sociais. Além da centralidade, são ainda apresentados e explicados outros conceitos fundamentais para a compreensão das redes sociais. Entre outros conceitos, serão referidos os papéis dos *brokers* e dos intermediários, fundamentais para o funcionamento das redes sociais.

O terceiro capítulo aborda dois processos antagónicos das redes sociais: ligações fortes e ligações fracas. Tendo como ponto de partida os estudos pioneiros do sociólogo Mark Granovetter sobre a forma como as pessoas arranjam emprego, são discutidas diferentes estratégias de investimento do tempo em tarefas de *networking*, nomeadamente a dicotomia entre relações fortes (e necessariamente menos numerosas) e relações fracas (com possibilidade de maior numerosidade). Entre outras curiosidades, o leitor ficará a saber como Einstein encontrou o seu primeiro emprego e quem mais probabilidade tem de lhe dar a conhecer o seu próximo emprego, se o seu «amigo do peito» ou uma pessoa que conhece menos bem. O capítulo prossegue evidenciando a importância de ajudarmos os outros e o papel da reciprocidade, e termina com o destaque dos grupos de interesse enquanto meios de desenvolvimento das redes sociais.

O quarto capítulo considera um dos mais poderosos determinantes do funcionamento das redes sociais, a similaridade. Compreender os mecanismos subjacentes ao facto de nos tendermos a relacionar com pessoas semelhantes a nós próprios, assim como as implicações deste mecanismo, constitui um trunfo importante para as actividades de *networking*.

No capítulo cinco são apresentados vários exemplos de organizações que funcionam maioritariamente numa base informal e não institucional. A investigação sobre este tipo de organização tem evidenciado que estas redes sociais «invisíveis» apresentam uma grande diversidade de vantagens relativamente às redes sociais formais e explícitas. Assim, e ironicamente, a existência de redes sociais de natureza criminosa como as que serão discutidas neste capítulo, por exemplo a Máfia e a Al Qaeda, tem contribuído para alargar o conhecimento sobre a melhor forma de trabalhar as redes sociais. Neste capítulo são ainda abordadas as possíveis estratégias para combater uma rede social adversária, e fornecidas ferramentas de análise para uma leitura mais sofisticada das redes sociais.

O capítulo seis contempla a análise das possibilidades existentes para ganhar posições mais favoráveis nas redes sociais, nomeadamente posições de maior centralidade e poder. Neste âmbito, são referidos os comportamentos mais eficazes nas relações com os outros e que melhor contribuem para atrair os outros até nós e aumentar o nosso valor acrescentado na rede. O capítulo começa com uma descrição da Longa Marcha liderada por Mao Tsé-tung, que conduziu os comunistas ao poder e à revolução cultural na China. Na explicação destes fenómenos de liderança magnética são abordados os temas da liderança energizante e da liderança posicional, fundamentais para quem aspira a liderar redes de influência.

No final, o leitor encontrará um capítulo conclusivo que transmite uma mensagem motivadora do desenvolvimento das capacidades de *networking*. A terminar deixamos uma

INTRODUÇÃO

palavra sobre a importância das redes sociais virtuais e do quanto estas ferramentas estão a transformar a forma como nos relacionamos e gerimos as nossas redes sociais.

Com esta organização do livro, procurámos alargar o âmbito da aplicação dos conhecimentos sobre redes sociais e *networking*, tornando-o potencialmente mais útil para públicos diversificados. Quanto melhor compreendermos os princípios fundamentais da dinâmica das redes sociais, mais eficazmente poderemos alcançar objectivos pessoais e sociais, pelo que a temática abordada neste livro é potencialmente importante para todas as pessoas. Mas o leitor poderá ter um interesse particular no vasto campo do *networking*.

Neste sentido, é expectável que alguns leitores retirem especial vantagem da leitura de *O Mundo É Pequeno*. Entre os públicos que mais poderão beneficiar com a leitura deste livro contam-se:

- gestores e líderes de empresas e de equipas de trabalho, que desejam obter incrementos no rendimento das pessoas que gerem e alcançar ganhos de produtividade para as suas organizações;
- políticos ou cidadãos que desenvolvam ou desejem desenvolver actividades de intervenção política ou cívica, incluindo actividades partidárias ou em movimentos cívicos (ONG, associações);
- profissionais com actividade comercial, que necessitam de manter ou aumentar as redes de clientes que gerem;
- profissionais de relações públicas que procuram desenvolver a posição social das instituições que representam;

- académicos e investigadores que pretendam compreender o modo como as redes sociais influenciam outros fenómenos sociais e económicos;
- profissionais das forças de segurança e de investigação que procuram adquirir conceitos necessários para compreender a criminalidade organizada e grupos não institucionais.

Os leitores não devem esperar de O *Mundo É Pequeno* um conjunto de dicas e de regras fixas, muitas vezes apresentadas sob a forma de receitas prontas a usar. Esse não foi o objectivo com que foi escrito. Pelo contrário, este é um livro que pretende estimular a reflexão e o pensamento sobre as possíveis formas de trabalharmos as redes sociais. Por isso, os exemplos de investigações e casos reais sucedem-se de forma encadeada mas crítica, deixando questões por responder e um espaço próprio para o leitor procurar relembrar acontecimentos da sua vida que ilustrem os mecanismos que aqui se apresentam.

Enfim, O *Mundo É Pequeno* apresenta, essencialmente, um conjunto de ferramentas para nos movermos com maior eficácia e sucesso nos espaços sociais, e terá cumprido a sua missão se o leitor sentir que o maior domínio destas ferramentas se traduziu numa melhor compreensão de processos relevantes para a sua vida pessoal e profissional.

Capítulo 1

Seis graus de separação: A natureza das redes sociais

Há cerca de quarenta anos, o psicólogo Stanley Milgram([1]) publicou diversos estudos que se tornariam clássicos da psicologia social. Entre eles, um trabalho sobre o funcionamento das redes sociais. Esta investigação tornou-se tão conhecida nos Estados Unidos que é hoje comum ouvir a expressão *six degrees of separation* [seis graus de separação] para constatar que o mundo é tão pequeno que se verifica com frequência que, quando alguém conhece uma pessoa nova, conclui existir uma terceira pessoa que ambos conhecem.

Esta não é, todavia, uma particularidade americana. Também em Portugal é comum a exclamação «Como o mundo é pequeno!» bem como a comparação do país a um T0 no qual todos se conhecem. E em Israel a densi-

---

([1]) Milgram (1967).

dade das relações é tal que, segundo alguns autores, não haverá mais do que um grau de separação([2]). Mas será o mundo assim tão pequeno? Foi para responder a esta questão que Milgram realizou a sua experiência sobre o «problema do mundo pequeno».

A experiência de Milgram pode ser descrita como se segue. Milgram pediu a 160 pessoas do estado do Nebraska, no interior dos EUA, que fizessem chegar uma encomenda a um corretor da bolsa que vivia e trabalhava em Massachusetts, na costa leste do país. A participação neste estudo tinha, contudo, algumas regras. Uma dessas regras era a de que os participantes teriam que entregar sempre a encomenda a alguém do seu conhecimento directo, ou seja, alguém que «tratassem por tu» (por exemplo, um amigo ou familiar), até que fosse alcançado o destinatário da encomenda, tendo-lhes sido fornecido o nome e a morada do destinatário. Para isso, os participantes faziam chegar a encomenda a alguém que acreditavam estar mais próximo do destinatário final. Cada uma das pessoas por quem a encomenda passava tinha ainda que registar o seu nome, de forma a tornar possível «seguir os passos» da encomenda ao longo da cadeia de contactos. Os resultados obtidos por Milgram foram surpreendentes. A maior parte das encomendas chegou ao destinatário, em média, em apenas 5,5, ou seja, seis passos/graus de separação.

Imagine o leitor um estudo semelhante realizado em Portugal, consistindo na recepção de uma encomenda em Vinhais, no interior norte do país, com destino a Faro, Madrid ou Bruxelas. Com apenas seis intermediários,

---

([2]) Senor & Singer (2009).

conseguimos chegar muito longe e de forma cirúrgica «atingir» um determinado alvo.

Mas o que nos diz esta investigação sobre a forma como a sociedade está organizada? O que nos revela sobre o modo como a teia social em que vivemos está estruturada? Como escreveu Malcom Gladwell em *The tipping point*[3], será que pertencemos a mundos separados que funcionam de forma simultânea mas autónoma, ou estaremos todos unidos numa gigantesca e inextricável rede?

Ao longo deste livro o leitor terá a oportunidade de encontrar respostas para estas questões. De qualquer forma, o que o estudo conduzindo por Milgram nos adianta é que, sejam quais forem as leis que governam as relações sociais, elas são tudo menos aleatórias. Caso contrário, pensemos por quantas pessoas passaria a encomenda das experiências de Milgram se fosse circulando aleatoriamente através de uma rede com mais de 300 milhões de habitantes, e isto considerando que nos restringiríamos ao território dos EUA? Qual seria a ínfima probabilidade de ela chegar ao destinatário com uma média de apenas seis intermediários? Se o padrão verificado acontece é porque as relações entre as pessoas não são aleatórias[4]. Elas ocorrem por razões geográficas, de identidade social, de semelhança racial, étnica, política e outras às quais nos referiremos ao longo dos próximos capítulos.

Mas há mais detalhes relevantes nos resultados encontrados por Milgram na sua experiência dos «seis graus». Um dos pormenores importantes foi o facto de

---

[3] Gladwell (2000) [*A Chave do Sucesso*, Lisboa, D. Quixote, 2007].
[4] Watts (2004).

a maioria das encomendas ter chegado à mão do destinatário através de apenas três pessoas. Tendo em conta os milhares de possíveis caminhos que as encomendas poderiam ter seguido, o resultado é notável. E reforça a ideia de que a estrutura social em que nos inserimos não está organizada aleatoriamente.

Mas a importância diferencial de cada pessoa numa rede social (isto é, o «valor social» de cada indivíduo num dado momento, numa dada rede social, é variável) chama a atenção para outro facto importante para o *networking*, o de as pessoas não desempenharem todas o mesmo papel numa rede. Por esta razão, o *capital social* individual é um factor crítico para o alcance das realizações pessoais.

Indícios disto têm sido encontrados, estudo após estudo, em diversas investigações. Por exemplo, investigadores da Universidade de Utrecht, nos Países Baixos([5]), encontraram em estudos realizados no início da década passada provas empíricas de que o nível de capital social dos gestores influencia o seu rendimento financeiro. Estes autores analisaram o capital humano de 1359 gestores de topo, com base no número total de anos de escolaridade e no número de empregos anteriores, assim como o seu capital social, avaliado pela autopercepção da frequência de contactos com pessoas de outras organizações e pelo número de pertenças grupais (*memberships*). Os resultados obtidos demonstram que o capital humano dos gestores é um indicador fiável do seu nível de rendimento financeiro, mesmo quando retirado o peso do capital humano. Mais ainda: embora o capital humano e o capital social interajam positivamente para explicar

---

([5]) Boxman, De Graaf, & Flap (1991).

o rendimento dos gestores, a hipótese de que o capital social multiplica o retorno do capital humano foi refutada. Pelo contrário, o retorno do investimento em capital humano decresce se os gestores estiverem equipados com um elevado volume de capital social, o que mostra que, em certa medida, o capital social pode «substituir» o capital humano, em termos do aumento dos rendimentos de trabalho.

Várias consequências podem ser retiradas deste tipo de estudos. Primeira, que o *know-who* é pelo menos tão importante como o *know-how* no que se refere ao impacto no rendimento financeiro. Depois, que o *know-who* é tão poderoso que torna menos relevante aquilo que sabemos (*i.e.*, as competências) quanto maior for o capital social. Como se discutirá mais adiante, isto não retira importância às competências nem aos conhecimentos individuais. Pelo contrário, as relações entre as diferentes formas de capital são complexas e intrincadas.

Um ponto parece certo: aquilo a que hoje chamamos «capital», para designar algo que tem valor e pode ser investido, assume diversas formas (capital humano, capital social, capital financeiro, capital emocional). Além disso, o «capital», assuma a forma que assumir, parece apresentar determinadas características comuns.

Uma dessas características é da transferibilidade, ou seja, um tipo de capital pode ser transformado em outros tipos de capital. O capital humano pode transformar-se em capital financeiro. O mesmo se passa com o capital social. E também parece claro que o capital financeiro pode comprar capital social ou capital humano (gestores com capacidade financeira para investir na melhor formação de executivos aumentam o seu capital humano e social), ou mesmo capital emocional, sob a forma, por exemplo, de programas individuais de *coaching* para melhoria da inteligência emocional.

Outra característica do capital é o facto de se poder acumular e guardar para utilizar mais tarde. É isso que se faz com os depósitos bancários e poupanças financeiras. E é também o que se faz com o «capital social»: guardamo-lo para o podermos mobilizar quando for necessário. Como se se tratasse de um «saco social» que se pode ir enchendo. Este livro discute também como se pode aprender a encher o «saco social» e a acumular recursos sociais que poderão ser úteis em situações futuras. Como o leitor poderá constatar nos capítulos que se seguem, podemos contrair dívidas e empréstimos sociais – geralmente na forma de favores – que tornam o nosso capital social um valioso recurso.

Além dos benefícios das relações sociais positivas para o rendimento financeiro, as actividades de *networking* também influenciam outras esferas não menos importantes da vida, tal como a saúde. Neste domínio, estudos realizados recentemente são indicativos do poder das redes sociais para a promoção da saúde. Num estudo conduzido conjuntamente por investigadores das universidades de Carnegie Mellon e da Virgínia, foram recrutados 159 homens e 175 mulheres para participarem numa investigação sobre saúde e relações interpessoais[6]. Por razões que o leitor compreenderá mais adiante e pelas quais talvez preferisse não participar neste estudo, estes participantes recebiam 800 dólares para se submeterem ao experimento. Os participantes começaram por fazer

---

[6] Cohen *et al.* (2003).

exames de saúde muito variados (incluindo análises ao sangue), no sentido de averiguar se todos eles se encontravam dentro da «norma» de saúde, tendo sido eliminados aqueles que não cumpriam os requisitos mínimos. Nesse momento preenchiam dois questionários: um sobre as suas redes sociais e um teste de personalidade para aferir o seu grau de sociabilidade. Em seguida, e durante três noites por semana durante duas semanas, os participantes eram entrevistados telefonicamente para comunicarem a quantidade e a qualidade das interacções que tinham tido nesse dia.

Na última fase da investigação, cerca de duas semanas mais tarde, os participantes voltavam ao laboratório e eram confrontados com a necessidade de entrarem para uma sala onde se tinha previamente instalado o vírus da gripe. Imagine o leitor o que teria de fazer para ganhar o seu dinheiro como participante: expor-se directamente ao vírus da gripe. Mas foi isso o que fizeram os participantes deste estudo.

Ao saírem da sala de incubação do vírus, os participantes foram acompanhados durante cinco dias relativamente aos sintomas físicos da gripe (por exemplo, uma certa quantidade de muco nasal) e aos sintomas reportados directamente (por exemplo, quanto sentiam os sintomas respiratórios da gripe, tais como congestão nasal, dores de garganta, dores de cabeça, corrimento nasal). E, cerca de quatro semanas mais tarde, fizeram de novo análises ao sangue para avaliar a presença do antivírus da gripe no sangue.

Os resultados deste estudo são surpreendentes. Quer para os resultados objectivos avaliados pelos exames médicos, quer para os sintomas reportados pelos próprios participantes, o estudo mostra que os participantes menos sociáveis tinham maior probabilidade de apanhar gripe (cerca de 44%) do que os participantes mais sociáveis e com redes sociais mais densas e diversificadas (menos de 20%). Ou seja, os indivíduos com relações sociais mais pobres tinham mais do dobro da probabilidade de apanhar uma gripe depois de estarem em contacto com o vírus do que os indivíduos com relações sociais mais ricas. Tendo em conta os elevados gastos com a saúde e as preocupações com um estilo de vida mais saudável, dá que pensar o quanto se pode ganhar (em saúde e despesas com medicamentos) com o estabelecimento de boas relações interpessoais.

Mas a existência de regras que governam a estrutura das redes sociais não se resume ao nível dos indivíduos. Também ao nível das organizações e até das relações políticas entre países vários estudos têm demonstrado que as relações entre os elementos de uma rede social estão longe de ser aleatórias. Numa análise realizada sobre as votações para o Festival Eurovisão da Canção do ano de 2005, Anthony Dekker[7], investigador do Departamento de Defesa australiano, em Camberra, demonstrou que as razões para a votação de uns países em outros ultrapassam o valor artístico das músicas. Todos já ouvimos dizer que os resultados finais deste célebre concurso que se realiza desde 1956 são influenciados pelas relações políticas entre países, mas poucos estudos o procuraram verificar. Dekker mostrou que não é tanto o poder político que influencia a votação nas músicas de cada país, mas sobretudo a sua situação geográfica. Em concreto, o que

---

[7] Dekker (2007).

Dekker fez foi simples, mas engenhoso. Ele considerou o valor artístico de cada música em função da votação final e analisou, em seguida, como se comportaram os países vizinhos e os mais longínquos em termos de votação. Os resultados são claros na demonstração de que, além de votarem nas músicas com maior valor artístico, os países tendem a atribuir maiores pontuações aos países que se encontram geograficamente mais próximos (sendo a proximidade medida pelo número de fronteiras entre os países), o que mostra um claro enviesamento nas preferências de atribuição das pontuações. Este enviesamento é de tal forma evidente que se formam quatro *clusters* de países que privilegiam entre si as votações mais elevadas: o *cluster* do Leste, o *cluster* nórdico, o *cluster* balcânico, o *cluster* do Mediterrâneo Oriental e o *cluster* ocidental (que inclui Portugal).

As razões para estas «amizades» privilegiadas entre países vizinhos não são totalmente conhecidas. Algumas serão culturais, outras políticas, outras talvez de semelhança artística. Mas o facto é que, mesmo quando analisamos redes sociais a níveis tão abstractos como o dos Estados-nação, as relações não são aleatórias e as regras que definem essas relações expressam padrões sistematicamente semelhantes. A própria *clusterização* é uma das características mais basilares da organização das redes sociais, como se verá no próximo capítulo.

Porque os parâmetros basilares que regulam as relações sociais entre pessoas e entre grupos sociais devem ser também entendidos ao seu nível mais macro, nos últimos capítulos deste livro o leitor encontrará aplicações dos conhecimentos sobre as redes sociais ao funcionamento de grupos.

Macacos, chimpanzés e massa cinzenta: os seus 150 contactos-chave

Tendo sido discutida a importância das redes sociais para o sucesso pessoal e profissional, para a saúde e até para o sucesso nacional (pelo menos no festival da canção), e tendo já sido aflorados alguns dos principais parâmetros e mecanismos fundamentais das relações sociais, como a centralidade nas redes ou a *clusterização*, importa agora reflectir sobre os motivos pelos quais as pessoas se comportam desta forma.

Alguns dos mais interessantes estudos sobre o motivo pelo qual que as pessoas gerem desta forma as suas redes sociais foram levados a cabo por Robin Dunbar[8]. Dunbar, um perito em biologia antropológica, interessou-se particularmente por uma relação intrigante encontrada nas espécies primatas, incluindo macacos e chimpanzés. Essa relação diz respeito a dois critérios utilizados na antropologia e na biologia para caracterizar as diferentes espécies: a dimensão média dos grupos em que vivem (o número médio de elementos do grupo) e o rácio do neocórtex (que corresponde ao rácio do volume do neocórtex face ao volume do resto do cérebro). O neocórtex é a área do cérebro humano associada às funções cognitivas mais nobres, como a linguagem e o raciocínio. O elemento porventura mais surpreendente nestas investigações é a relação linear positiva quase perfeita com que estes dois indicadores se relacionam, isto é, o grau em que à medida que analisamos espécies com um maior rácio do neocórtex, maiores tendem a ser os grupos sociais em que vivem.

---

[8] Dunbar (1998).

Dunbar e outros cientistas interpretam estes factos como prova de que as relações sociais implicam a utilização efectiva do raciocínio. De uma forma mais clara, espécies com maiores grupos sociais exigem indivíduos com níveis de inteligência maiores. A conclusão é simples: as relações sociais exigem inteligência e quanto mais inteligência, maior a capacidade para funcionar numa rede social mais alargada.

Imagine o leitor a diferença entre trabalhar numa empresa pequena, com duas ou três pessoas, ou numa empresa de grande dimensão. Considere a quantidade de informação social com que vai ter de lidar nos dois casos. Quem é quem, de onde vem, o que faz, com quem se relaciona, como deve interagir com cada um dos seus colegas. Quem deve procurar em cada situação. Estes são apenas alguns exemplos. Pense agora na exigência intelectual a este nível, que se coloca a quem está na pequena empresa. E depois numa empresa grande. O exercício dá uma ideia do processo.

O mesmo acontece com famílias grandes e famílias pequenas. Pense o leitor no padrão de comunicação e nas exigências cognitivas e estímulos sociais existentes numa pequena família (com um só filho, por exemplo). Relativamente fácil, não é? Pense agora no membro de uma grande família. Quantas relações terá de gerir? E quantos conflitos e divergências terá de mediar? As relações sociais em grupos mais alargados são muito exigentes do ponto de vista cognitivo (tão exigentes que, para grupos muito grandes, tendemos a relacionar-nos em subgrupos mais pequenos ou *clusters*, como acabámos de referir acima); de tal forma exigentes que todos estamos limitados quanto à dimensão e à diversidade de redes sociais que vamos construindo e mantendo ao longo da vida.

Deste modo, porque temos recursos de atenção e de raciocínio limitados, tal como os primatas, torna-se fundamental aprendermos a gerir eficazmente as relações de *networking*. Se há lição a retirar desta análise bio-antropológica é a de que a nossa capacidade de criar e gerir relações sociais é limitada pela capacidade cognitiva humana e, como qualquer recurso escasso, tem de ser gerida como tal. Acresce que o esforço e o tempo que gastamos nas actividades de *networking* e nas relações sociais são também muito limitados, o que faz com que os padrões de relacionamento sejam um reflexo das escolhas sociais. Parece por isso preferível falar em *gestão* das redes sociais quando nos reportamos ao tema do *networking*, justamente para salientar o carácter estratégico e não determinado com que podemos escolher com quem, como e quando queremos estabelecer relações sociais.

Mas, se existe para os primatas uma relação entre o rácio do neocórtex e a dimensão «ideal» do grupo social em que se inserem, e admitindo a continuidade evolutiva das espécies, qual será a dimensão de grupo ideal para os seres humanos?

A resposta a esta questão é complexa porque, tendo adquirido a linguagem no decurso do seu desenvolvimento evolutivo e caracterizando-se por ser uma espécie capaz de produzir «cultura», aqui entendida cómo um conjunto de conhecimentos, valores, práticas e costumes partilhados e transmitidos às gerações seguintes, o ser humano criou contextos de vida que envienviesam aquilo que poderíamos considerar o seu *habitat* natural. Basta pensarmos nos primórdios dos nossos antepassados e ficamos certamente com uma noção mais ajustada ao modo social como vivia ser humano no seu contexto natural. Pelo contrário, e dadas as capacidades tecnológicas que produzimos ao longo dos tempos, como as tecnologias de transporte de alimentos, as habitações que temos, entre outras, vivemos hoje em grandes cidades ou vilas, geralmente compostas por aglomerados populacionais de grande dimensão e densidade. Tudo isto dificulta a resposta à questão «qual será a dimensão social ideal para os seres humanos viverem?»

Acrescem a estas dificuldades aquelas que são geradas quando contemplamos o desenvolvimento tecnológico nas comunicações. Pense-se apenas no telefone e na forma como alterou as redes sociais entre as pessoas. Como nos permite hoje formar laços sociais com pessoas que estão muito longe geograficamente e expandir as nossas redes sociais sem as limitações que as outras espécies e a espécie humana enfrentaram há muito tempo. Pense o leitor na internet e nas recentes possibilidades por ela introduzidas. Considere o impacto destas tecnologias nas relações sociais. Até casamentos são hoje realizados entre pessoas se conhecerem através de tecnologias disponíveis na internet, como os *chats*. Tudo isto torna impossível calcular com exactidão a dimensão ideal das redes sociais, pelo menos nos moldes mais tradicionais. Como poderemos então responder à questão atrás colocada?

A resposta está em parte na continuidade evolutiva das espécies e nos factos observados para outros animais. Uma vez que a relação entre «dimensão da rede social» e «rácio do neocortex» é linear para os primatas, e aceitando a premissa evolutiva entre as diferentes espécies de mamíferos, podemos inferir aquela que seria a dimensão ideal das nossas redes sociais dado o conhecimento que temos sobre o valor médio do «rácio do neocórtex» para os seres humanos. Os investigadores têm procurado encontrar esse valor. Tendo em conta os cálculos efectuados, a dimensão média de uma rede social ideal contém cerca de 150 contactos; 150 parece pois ser o número mágico da dimensão das redes sociais.

Mas como poderão ser apenas 150, perguntará o leitor, se cada um de nós conhece muitas mais pessoas? Não serão antes umas centenas ou até mesmo alguns milhares? Basta pensar nos seus colegas da infância, da escola primária, do liceu, da faculdade, do seu primeiro local de trabalho, do segundo e do terceiro locais de trabalho, da associação de pais, do partido político, do ginásio, da família, e de muitos outros, e já lá vão muitos mais do que 150. Estará este número correcto? Fará sentido?

Na verdade, este número não se refere ao conjunto de pessoas que conhecemos, mas às pessoas com quem, num dado momento da nossa vida, conseguimos manter relações relativamente próximas, os nossos laços mais fortes, como lhes chamaremos no capítulo 3. A nossa capacidade de relacionamento é sempre limitada num dado momento – mesmo com o apoio das novas tecnologias. Ter uma rede de 500 contactos identificada e guardada no LinkedIn ou no Hi5 não quer dizer que consigamos manter-nos a par do acontece com todos esses contactos. Na verdade, não contactaremos com a maioria durante os próximos anos, mas talvez sejam importantes no futuro. Seja como for, o facto é que a rede de pessoas com quem nos relacionamos de forma próxima no dia-a-dia parece ser limitada. Talvez um pouco acima de 150 para alguns, ou abaixo para outros, mas certamente limitada.

Esta tese encontra sustentação empírica em diversos indícios(⁹). Os aglomerados populacionais amish do Noroeste americano, por exemplo, tendem a reger-se por uma lei que prescreve que um pequeno grupo amish deve deixar o seu aglomerado de proveniência e fundar um novo aglomerado quando o original atinge uma determinada dimensão. E adivinhe o leitor de que dimensão se trata? Cerca de 140 a 150 membros.

De forma empírica, os Amish «descobriram» há já algum tempo os inconvenientes de viver em grandes grupos populacionais, principalmente sem o auxílio de tecnologia de ponta como aquela que hoje nos ajuda a viver em grandes cidades (por opção, no caso dos Amish). Quando a dimensão populacional de um determinado grupo cresce demasiado e as pessoas começam a deixar de se conhecer pessoalmente, alguns problemas são potenciados, tais como a criminalidade, o furto, e o tacticismo que pode pôr em causa o bom funcionamento social.

A regra dos 150 é também corroborada por estudos antropológicos realizados com tribos do interior do continente africano. Nestas tribos, que vivem em estado primitivo, a dimensão média aproxima-se da dimensão prevista pelos estudos de Robin Dunbar.

É provável que a maioria dos nossos leitores não sonhe viver como os Amish nem deseje reconquistar os prazeres simples da vida primitiva. Para a maioria das pessoas, o caminho é o de continuar a desenvolver formas de vida mais evoluídas em sociedades alargadas, eventualmente até ao contacto permanente com todo o planeta – a promessa da globalização. Mas o estudo das

---

(⁹) Exemplos retirados de Gladwell (2000).

«leis naturais», aquelas para as quais estamos ainda biologicamente preparados, indica que as limitações existem e que as devemos levar a sério quando pensamos nos relacionamentos sociais.

A constatação de que cada pessoa possui, em cada fase da sua vida, uma rede restrita de contactos fundamentais, deve levar-nos a admitir que temos de pensar melhor e de forma mais estratégica (e menos aleatória) a nossa rede de contactos actual. Sem «tacticismos» e sem contrariar as relações mais espontâneas (afinal de contas o *networking* pode e deve ser uma actividade agradável, mesmo que laboriosa e exigente), devemos contudo analisar e orientar as nossas relações de forma congruente com os objectivos de vida. Dito de outro modo, colocar o *networking* ao nosso serviço, gerindo-o de forma estratégica e respeitando a civilidade e a ética.

É possível que o leitor nunca tenha analisado de forma sistemática as características das redes sociais em que se insere. O que é normal. Mas ainda vai a tempo. Basta pôr mãos (e contactos) à obra. E saber mais sobre as leis fundamentais que regulam as nossas relações sociais. Para tal, convidamo-lo a passar ao capítulo seguinte.

Conclusão

Em Abril de 2010, Agnes Mwangale esperava pela chegada de sua mãe no aeroporto de Toronto. Porém, Sophia Atila Kafu, proveniente do Quénia, ficara retida em Amesterdão devido ao cancelamento de milhares de voos por causa da erupção de um vulcão islandês que encerrou quase todo o espaço aéreo europeu. O problema:

Sophia, de 64 anos, nunca saíra do Quénia. Nunca tinha estado num aeroporto, quanto mais num avião, tinha apenas 20 euros e um telemóvel que só funcionava no Quénia. Falava apenas suaíli e luhya. No caos de Schipol, ninguém da KLM conseguiu localizar a Sr.ª Kafu. Até que Agnes, desesperada, recorreu ao poder das redes sociais. Um amigo pôs toda a sua rede à procura de alguém que estivesse no aeroporto de Amesterdão. Duas horas depois, pelas 21:30, a mensagem chegou a George Bougias, director regional da Delta Airlines. Depois de ter confirmado a veracidade da mensagem, Bougias pediu fotos da Sr.ª Kafu e iniciou a sua busca com a ajuda de agentes de segurança e mais um par de voluntários que também tinham recebido a mensagem. Uma dessas voluntárias, Fezekile Kuzwayo, falava suaíli. Um dos grupos de busca encontrou, perto da meia-noite e na zona mais calma próximo do casino do aeroporto, duas africanas deitadas no chão. «Mama Sophia?», perguntou Kuzwayo. «A sua filha mandou-nos à sua procura.» Perante a notícia, Fezekile Kuzwayo pôde confirmar, pelo sorriso aberto, a mesma falha entre os dentes revelada nas fotos enviadas por Agnes. A qual, mais tarde, referiu à imprensa: «Podes ter um problema. Mas quando outras pessoas souberem, o problema deixa de ser só teu.»[10]

A história de Agnes e de Mama Sophia é uma espécie de versão moderna da experiência de Milgram e uma ilustração do «mundo de conexões»[11] em que vivemos. O primeiro capítulo terá exposto a força das redes sociais. Os próximos capítulos exploram diferentes conhe-

---

[10] Rastogi (2010).
[11] *The Economist* (2010).

cimentos disponíveis sobre redes sociais e *networking*. Todos partem das premissas explicitadas neste capítulo:

- a forma como a sociedade e os grupos sociais estão estruturados não é aleatória. Pelo contrário, o «valor social» de cada pessoa numa dada rede social é variável e as nossas opções de relacionamento (*i.e.*, com quem nos relacionamos) são influenciadas por isso;
- a actividade de *networking* e o capital social são instrumentos poderosos para o sucesso profissional;
- os benefícios das relações sociais frequentes vão muito além do sucesso profissional e financeiro, podendo estender-se a aspectos tão importantes da vida como a saúde física;
- uma vez que os recursos mentais e cognitivos são limitados, a dimensão das redes sociais é mais restrita do que geralmente percepcionamos. Neste sentido, e porque o tempo e esforço de relacionamento são limitados, o capital social torna-se um recurso escasso que deve ser gerido como qualquer outro recurso escasso e relevante.

Capítulo 2

Brilhar como uma estrela: centralidade e outros conceitos fundamentais para a movimentação nas redes

Ao iniciar esta jornada pelo mundo das redes sociais, devemos analisar em pormenor os elementos básicos que compõem a teia de relacionamentos que nos rodeiam. Veremos, ao longo deste capítulo, quais são os elementos fundamentais da organização social humana, bem como a forma como a investigação em psicologia e sociologia tem contribuído para desvendar os segredos das leis sociais que regem o comportamento.

Os estudos sistemáticos sobre análise de redes sociais têm origem numa técnica concebida por Jacob Moreno, um psicoterapeuta nascido na Roménia, educado na Áustria, e que mais tarde haveria de emigrar para os Estados Unidos da América. Ao propor o psicodrama como estratégia de intervenção psicoterapêutica, Moreno advogou uma perspectiva centrada nos processos de grupo como forma de compreender os processos psicológicos e o comportamento dos indivíduos.

Mas o maior legado de Jacob Moreno foi porventura metodológico. Para analisar os padrões de relacionamento entre os elementos de determinado grupo social, Moreno desenvolveu uma técnica de análise que ficou conhecida como o *método sociométrico*. O método sociométrico é uma ferramenta de análise que permite representar graficamente os indivíduos de um determinado grupo social, bem como as relações que esses indivíduos estabelecem entre si. O resultado final desta análise é o *sociograma*, que o leitor pode encontrar esquematizado na figura 2.1, retirada da obra que Moreno escreveu em 1934[12].

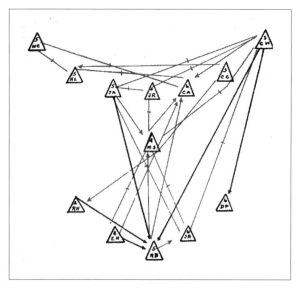

Figura 2.1 – Rede de escolhas positivas e negativas numa equipa de futebol americano

---

[12] Moreno (1934).

Os sociogramas são constituídos por dois elementos fundamentais: *nódulos* e *setas*. Os nódulos representam os indivíduos numa rede social e as setas representam as relações de escolha entre esses elementos (*i.e.*, quem escolheu quem relativamente a um dado critério). Como veremos em numerosos exemplos ao longo deste livro, a representação gráfica das redes sociais apresenta enormes vantagens do ponto de vista da compreensão do respectivo funcionamento.

O recurso a este tipo de representação gráfica permite colocar a descoberto a configuração social das dinâmicas relacionais que se estabelecem entre os elementos de um determinado grupo. Eram precisamente estas propriedades estruturais das relações sociais que Moreno estava interessado em compreender. Como pioneiro, Moreno estava apenas a iniciar uma linha de investigação que viria definir muitas dessas propriedades e características, assim como o seu impacto em variáveis tão díspares como o bem-estar e o *stress*, a aquisição de novos conhecimentos e a inovação, ou os conflitos nos grupos. É a partir destas conceptualizações iniciais que surge o conceito de «estrela» da rede, para referir o elemento com maior centralidade numa rede social, ou seja, o indivíduo com o maior número de escolhas por parte dos outros elementos.

A posição social das *estrelas* é geralmente privilegiada, no sentido em que os indivíduos que ocupam estas posições sociais tendem a adquirir mais informação ou outros recursos que os tornam desejáveis pelos outros. Pense o leitor na organização onde trabalha ou numa onde já tenha trabalhado. Certamente consegue identificar as pessoas a quem praticamente todos recorrem quando querem obter um conselho pessoal ou descobrir quem devem procurar para obter uma determinada informação ou ajuda para realizar determinada tarefa. Estas pessoas existem em todas as redes sociais e detêm um grande poder no funcionamento social dos grupos. Muitas vezes, elas nem sequer são as que formalmente ocupam lugares de maior destaque. Pelo contrário, as estrelas ocupam por vezes posições hierárquicas pouco elevadas e discretas nos grupos sociais. Mas quando chega a hora de querermos saber algo sobre o grupo ou organização, ou sobre quem sabe o quê, é a elas que recorremos.

Estas pessoas, sobre quem dizemos possuírem grande *centralidade*, não ocupam tal posição de forma aleatória (*vide* Figura 2.2). Assumem-na porque têm determinadas características individuais e/ou contextuais que as tornam mais centrais nas redes. Debateremos adiante, no capítulo 6, o que fazem estas pessoas para se tornarem mais centrais e *magnetizantes* para os outros. Por agora, limitamo-nos a diferenciar dois tipos de centralidade nas redes sociais: *exocentralidade* e *endocentralidade*.

A endocentralidade (*vide* definição na figura 2.2) reflecte melhor o conceito de centralidade associada ao «poder» de um indivíduo numa determinada rede social, uma vez que se refere ao grau em que esse indivíduo consegue atrair os outros até si, mostrando-se imprescindível ou pelo menos relevante. Uma investigação de campo realizada pelo investigador Daniel Brass[13], da Universidade do Kentucky, revelou que a centralidade e as redes de amizade de cada empregado estavam fortemente relacionadas com a respectiva influência social, tal como avaliada pelas chefias e demais colegas. Neste sentido, os benefícios

---

[13] Brass (1984).

decorrentes de maior centralidade nas redes sociais são muitos, desde o acesso a mais e mais valiosa informação, até à capacidade de gerir quem conhece quem e o quê. A endocentralidade constitui um dos parâmetros fundamentais para o funcionamento das redes sociais.

A centralidade não está todavia apenas dependente de quanto os outros nos procuram para obter/fornecer informação e outros recursos. Com efeito, podemos ser activos e estimular a nossa rede tomando a iniciativa de procurar quem for importante para nós. Também podemos incrementar desta forma a nossa centralidade e obter/fornecer mais informação. Esta forma de centralidade é chamada exocentralidade. A exocentralidade está primeiramente relacionada com a proactividade. Algumas pessoas são proactivas e procuram os outros para discutir ideias, trocar recursos e partilhar experiências. Esta «proactividade social» fornece-lhes um conjunto de ligações que promovem a sua centralidade. Além de incrementarem a sua notoriedade nas redes, ficam a conhecê-las melhor, ou seja, ficam a saber mais sobre quem conhece quem e quem influencia o quê. A exocentralidade é um dos conceitos que melhor evidencia a natureza essencialmente activa do *networking*, a ideia de que «trabalhar» a rede «dá trabalho». Mas também de que é um investimento com retorno potencial. Em conjunto, endo e exocentralidade podem ser cruciais para incrementar a centralidade global nas redes sociais relevantes, trazendo benefícios significativos. Alguns investigadores[14] encontraram indícios de que a centralidade em redes de aconselhamento (quem se procura para pedir conselhos) prediz positivamente o

---

[14] Sparrowe, Liden, Wayne & Kraimer (2001).

desempenho no trabalho, tal como avaliado pelas chefias. Mesmo que o reconhecimento da chefia não seja necessariamente um objectivo pessoal do leitor, a realização pessoal associada a um desempenho positivo será certamente importante. Por isso pode ser positivo promover activamente a nossa centralidade nas redes sociais relevantes, as quais variam de pessoa para pessoa.

Sendo a centralidade o mais fundamental dos parâmetros de uma rede social em termos de *networking*, há outros parâmetros imprescindíveis para o sucesso social (Figura 2.2)([15]). Passemos em revista o essencial sobre cada um deles.

O pequeno mundo de Hollywood: o oráculo de Kevin Bacon

Como vimos a propósito do estudo de Stanley Milgram sobre os «seis graus de separação» descrito no capítulo 1, o mundo (social) parece ser realmente pequeno. Os «nossos mundos» serão porventura ainda mais pequenos. Pense o leitor no seu próprio «mundo profissional». Talvez trabalhe no sector bancário, dos seguros, da saúde ou comunicação. Talvez seja um profissional do campo jurídico, ou da consultoria de gestão ou da hotelaria. Talvez seja um político profissional.

Seja como for, o leitor identificará certamente um conjunto de profissionais reconhecidos pelos seus pares de profissão como mais centrais. Além disso, é comum ouvir que «toda a gente se conhece dentro do ramo...»

([15]) Parcialmente baseado em Cross & Parker (2004).

Se o mundo é pequeno, os nossos pequenos «submundos» são muito pequenos. Curiosamente, uma das áreas de actividade que celebrizou este efeito foi a do cinema, tendo o «pequeno mundo de Hollywood» despertado grande interesse. O caso tornou-se popular depois de o famoso actor Kevin Bacon ter afirmado, numa entrevista à revista *Premiere* em 1994, que «já tinha trabalhado com toda a gente em Hollywood ou com alguém que tivesse trabalhado com eles»([16]). Três estudantes de doutoramento no Albright College, na Pensilvânia, decidiram testar esta afirmação e chegaram à conclusão de que a afirmação de Kevin Bacon era verdadeira. Os alunos criaram uma base de dados onde se encontravam todos os actores que tinham contracenado com Bacon. E depois todos os outros que tinham contracenado com esses, e assim sucessivamente. O resultado final foi um jogo conhecido como o «Oráculo de Kevin Bacon», que o leitor pode experimentar acedendo ao *link* http://oracleofbacon.org/. O jogo é um intrincado conjunto de ligações entre actores e os filmes em que estes representaram juntos. O desafio para os jogadores (preferencialmente para cinéfilos acérrimos) consiste em acertar nessas ligações.

As conclusões que os alunos retiraram deste jogo foram surpreendentes. Não só Kevin Bacon tinha razão ao dizer que estava socialmente muito próximo de todos os outros actores de Hollywood (à distância de um ou dois graus), como facilmente poderia estabelecer relações com actores de outras gerações – incluindo alguns que já morreram.

([16]) http://en.wikipedia.org/wiki/Six_Degrees_of_Kevin_Bacon

Conceito de Rede	Descrição	Exemplos
Centralidade	Grau em que um indivíduo estabelece uma relação com muitos (alta centralidade) ou poucos (baixa centralidade) actores numa determinada rede social.	A pessoa por quem todos esperam para ouvir a opinião antes de tomar uma decisão importante; alguém que consegue reunir muitos ex-colegas num almoço de despedida; um futebolista que corre todo o campo e tem a maior posse de bola na totalidade do jogo, estando presente em quase todas as jogadas.
Endocentralidade	Grau em que um indivíduo é escolhido, procurado ou contactado por muitos (alta endocentralidade) ou poucos (baixa endocentralidade) numa determinada rede social.	A pessoa a quem todos recorrem quando alguma coisa falha ou deixa de funcionar; um investidor endinheirado; um perito em determinada matéria; alguém que «conhece meio mundo»; o jogador a quem se passa a bola.
Exocentralidade	Grau em que um indivíduo escolhe, procura ou contacta muitos (alta exocentralidade) ou poucos (baixa exocentralidade) outros numa determinada rede social.	A pessoa que nos solicita apoio; a pessoa que se oferece para ajudar; o colega muito activo que procura envolver-se em muitas actividades; o jogador de quem se recebe a bola.
Força dos laços	As ligações sociais entre as pessoas podem ser de dois tipos fundamentais: laços fortes e laços fracos. A força dos laços depende de dois vectores da interacção: frequência e intensidade emocional. Estas são maiores nos laços fortes e menores nos laços fracos.	Laços fortes: familiares directos e amigos próximos; amigos de infância; as pessoas com quem mantivemos elevada cumplicidade e/ou intimidade no passado e com quem temos histórias comuns que podemos recordar e partilhar, mesmo que não as vejamos há muito tempo; dois jogadores amigos e/ou que jogam juntos na mesma equipa há muitos anos. Laços fracos: os amigos dos nossos amigos; pessoas que conhecemos casualmente e das quais apenas sabemos pouco e com quem não interagimos continuamente; dois jogadores de equipas diferentes que já se cruzaram no campo e falaram.

Intermediação	Grau em que um indivíduo se encontra muitas vezes (alta intermediação) ou poucas vezes (baixa intermediação) como elemento facilitador das relações entre dois outros que se procuram.	Pessoas que procuram sempre servir como elo de ligação entre outros; alguém que se disponibiliza para telefonar a um conhecido e pô-lo em contacto com um outro amigo; alguém que apresenta os seus amigos uns aos outros; alguém que convida diferentes grupos de amigos para um mesmo jantar; o jogador do meio-campo que faz circular a bola entre os flancos.
Broker	Grau em que um indivíduo controla muito (alto *brokerage*) ou pouco (baixo *brokerage*) a relação que dois outros elementos da rede podem estabelecer entre si.	Pessoas que procuram tirar algum partido do poder que têm em estabelecer uma ligação entre duas outras pessoas que se conhecem; alguém determinante para estabelecer uma ligação social entre dois grupos; uma pessoa imprescindível para que duas outras se conheçam e façam negócio; o jogador fundamental para fazer a transição defesa-ataque.
Densidade da rede	Grau em que os elementos conhecidos e/ou com quem um determinado indivíduo se relaciona também se conhecem e/ou relacionam em elevado grau (alta densidade) ou em baixo grau (baixa densidade) entre si, independentemente do indivíduo.	Um grupo de amigos onde todos se conhecem; uma empresa onde todos os colaboradores interagem uns com os outros de forma livre e não burocrática; uma equipa que faz circular a bola de forma fluida por todos e onde os jogadores passam a bola a todos os outros com regularidade e independentemente da sua posição de base no campo.

Figura 2.2. – Conceitos fundamentais para a movimentação nas redes

Por exemplo, Elvis Presley contracenou em 1969 com o actor Edward Asner no filme *Change of Habit*. Asner contracenou em 1991 com Kevin Bacon no filme *JFK*. Kevin Bacon contracenou com alguém que contracenou com Elvis Presley que, caso ainda fosse vivo, seria provavelmente um «alvo social» fácil para Kevin Bacon. E na verdade Kevin Bacon está longe de ser o centro do universo hollywoodesco, não aparecendo sequer na lista das 100 personalidades com maior centralidade nesta pequena rede. Ainda assim, Bacon tem mais centralidade do que a maioria dos actores de Hollywood, o que é uma proeza e mostra como a sua afirmação inicial estava efectivamente correcta.

O mais admirável, todavia, é a abrangência global desta rede cinematográfica. Porque Hollywood é o centro da cinematografia mundial, quase todos os países têm alguns actores que rumaram a esta «Meca» e conseguiram representar em algum filme, conhecendo alguns colegas de profissão. Ao retornarem aos seus países de origem e contracenando posteriormente com os seus concidadãos, estes actores tornam o pequeno mundo de Hollywood verdadeiramente global. Veja-se o exemplo do nosso país, apenas considerando os papéis centrais de Joaquim de Almeida e Inês de Medeiros. Joaquim de Almeida, por exemplo, já contracenou em Hollywood com inúmeros e muito actores centrais[17], tais como Michael Caine e Richard Gere no filme *O Cônsul Honorário*, ao mesmo tempo que tem continuado a participar em filmes

---

[17] Para uma visão global do *curriculum* profissional de Joaquim de Almeida pode consultar na *web* o seguinte site: http://www.imdb.com/name/nm0206862/.

com actores portugueses, como *Call Girl*, de António Pedro Vasconcelos, com Nicolau Breyner e Soraia Chaves. Joaquim de Almeida é, por isso, um actor com um acesso privilegiado ao mundo de Hollywood e, através de Richard Gere, que certamente se lembrará do colega português, poderá ter facilidade em aceder a outras pessoas que Gere conheça.

Gere é um actor com elevada centralidade em Hollywood. Almeida é um actor com elevada centralidade em Portugal. Qualquer um deles poderá funcionar como um recurso de grande valor para quem ambiciona uma carreira de sucesso no mundo cinematográfico internacional. Além disso, como vimos no estudo de Stanley Milgram descrito no capítulo 1, qualquer um deles pode assumir posição de intermediário ou *broker* e estabelecer a ligação entre outros dois actores ou pessoas (ou grupos empresariais, por exemplo), contribuindo para a densificação das redes à sua volta.

Na verdade, o «pequeno» mundo cinematográfico mundial é tão pequeno que qualquer actor está apenas a uns poucos graus de separação de qualquer outro. Por exemplo, qualquer actor profissional português está a poucos passos de qualquer actor americano de Hollywood, desde que tenha contracenado com Joaquim de Almeida ou com alguém que com ele contracenou, o que é praticamente certo que tenha acontecido. Até um actor do Bangladesh está muito próximo de qualquer estrela de Hollywood, porque o Bangladesh também tem os seus «Joaquins de Almeida».

Se este mundo global de actores é tão pequeno que qualquer um deles pode, com relativa facilidade, contactar e interagir com qualquer outro, o que pode o leitor dizer dos seus próprios pequenos mundos? Se trabalha em Portugal, pense nas pessoas-chave que trabalham no seu sector de actividade. Quem são as estrelas com maior centralidade, em torno das quais os outros gravitam? O leitor faz parte desse grupo de estrelas com elevada centralidade? Há certamente um pequeno conjunto de «actores» que ocupam essas posições e que são reconhecidos como tal. E se o leitor ainda não faz parte deste grupo ou pretende incrementar o seu «valor de rede», não se preocupe que ainda vai a tempo. Mesmo que se ache introvertido(a), poderá brilhar como uma estrela, desde que actue de forma estratégica na sua gestão da rede social. Não se esqueça da máxima: *networking não é conhecer muitas pessoas, é conhecer as pessoas certas.*

Um pequeno mundo em Hollywood: o alcance de Clint Eastwood

Uma ilustração da regra que acabámos de enunciar pode ser também retirada do pequeno mundo de Hollywood. Como vimos no estudo de Milgram sobre os «seis graus de separação», as pessoas com elevada centralidade e intermediação não são necessariamente as mais óbvias e com maior notoriedade mediática.

Os grupos sociais tendem a agrupar-se em sub-submundos dentro de submundos dentro de pequenos mundos e assim sucessivamente, sequencial e integrativamente. Dito de outro modo, o pequeno mundo de Hollywood é ele mesmo composto por submundos mais pequenos, nos quais outros actores assumem, contextualmente, papéis de centralidade local. Pense o leitor na organização onde trabalha ou numa organização com uma dimensão considerável. Dentro dessa organização há certamente muitos subgrupos, dentro dos quais há pessoas que assumem maior centralidade, tendo em conta o tema em debate. Quando queremos contactar alguém de um desses grupos (de um departamento diferente do nosso, por exemplo), são essas as pessoas a quem ligamos directamente. Pode até acontecer que, na totalidade da organização e no dia-a-dia, essa pessoa tenha uma centralidade relativamente baixa. Mas num determinado contexto e para certos objectivos, ela assume um papel nuclear.

O conhecido actor Clint Eastwood é um bom exemplo deste caso. Eastwood é um especialista em filmes do tipo *western* desde há longa data (nas últimas décadas tem também actuado como realizador e produtor). Os seus primeiros filmes como actor datam dos anos 50. Isso faz com que Clint Eastwood esteja no centro da rede do pequeno submundo dos filmes *western* de Hollywood. Quem fez um filme *western* estará certamente muito, mesmo muito, próximo de Eastwood. Eastwood pode estar longe de ser um dos actores com maior centralidade global na rede cinematográfica de Hollywood como um todo, mas no domínio dos *westerns* é a verdadeira estrela.

Uma das lições que extraímos destes exemplos reais é a de que não faz sentido falar em *networking* no vazio. Não há pessoas totalmente centrais nem totalmente periféricas. Todas as pessoas podem tornar-se centrais em determinadas condições e para determinados objectivos e é isso que torna o «jogo» do *networking* interessante, mais uma vez ressaltando o aspecto estratégico das nossas opções neste campo.

Como se explicou no capítulo anterior, as nossas capacidades de esforço e tempo são muito mais limitadas do que gostaríamos e por isso temos sempre que fazer opções sobre como afectar esses recursos nas nossas relações sociais. Por exemplo, alguns de nós têm que optar entre ficar algumas sextas-feiras à noite em casa a escrever livros ou ir sair com os amigos. Outros chegam a «sacrificar» passar tempo de qualidade com a família para poderem participar activamente num partido político ou num grupo de interesse cívico. Algumas pessoas dão tudo para estar sempre com as pessoas de quem mais gostam, os amigos de sempre. Outras, pelo contrário, gostam de conhecer novas pessoas e afirmam não ter nem precisar de amigos verdadeiros (embora por vezes digam que são «amigos de toda a gente», são na verdade pouco mais do que conhecidos). Leva-nos este exemplo ao último dos conceitos fundamentais referidos na Figura 2.2, para a movimentação nas redes: a *força dos laços*.

A força dos laços que estabelecemos pode variar em função de quanto conhecemos o outro, o que por sua vez depende da frequência e intensidade emocional com que interagimos com essas pessoas no passado. Neste sentido, e como exploraremos em maior detalhe já no próximo capítulo, algumas opções de relacionamento social implicam a escolha entre interagir mais vezes com as mesmas pessoas (laços fortes) ou menos vezes com pessoas das quais pouco ficamos a conhecer (laços fracos). Podemos portanto interagir muitas vezes com algumas pessoas ou poucas vezes com muitas pessoas, mas dificilmente poderemos interagir muitas vezes com muitas pessoas. Por isso, devemos tomar consciência da forma como investimos nos nossos relacionamentos sociais e reflectir sobre se esse nosso «perfil de relacionamentos» está de acordo com os objectivos pessoais e profissionais que traçámos.

Em suma, todos fazemos opções sobre o tipo de relações que estabelecemos, mesmo que não estejamos conscientes dessas opções nem as tomemos de forma deliberada. E embora a centralidade nas redes possa trazer benefícios, devemos pensar em que redes queremos tornar-nos centrais. O mais interessante desta constatação é que não há uma receita única sobre como melhorar as redes sociais. Isso depende dos objectivos e das necessidades individuais. Também implica que um bom *networker* não seja necessariamente o «relações públicas», o «extrovertido» ou o *«one man show»* que muitas vezes associamos ao *networking*. É esse o ponto que passaremos a ilustrar já a seguir, para concluir este capítulo.

O *"one man show"*, as faces ocultas e as redes ocultas: o caso dos duplos

Na edição de 30 de Outubro de 2009 do semanário *Sol*, podia ler-se o seguinte excerto relativo ao conhecido processo «Face Oculta», desencadeado pela Polícia Judiciária (PJ) no âmbito das suspeitas sobre corrupção envolvendo empresas do sector público e outros negócios:

> *«Manuel Godinho foi a única pessoa detida no âmbito da operação Face Oculta, realizada na quarta-feira pela Polícia Judiciária em vários pontos do país, no âmbito de uma investigação relacionada com alegados crimes económicos de um grupo empresarial de*

Ovar que integra a O2-Tratamento e Limpezas Ambientais.

No decurso da operação foram efectuadas cerca de 30 buscas, domiciliárias e a postos de trabalho, e 12 pessoas foram constituídas arguidas.»

As pessoas começaram a interrogar-se: «Quem é este Manuel Godinho?». Era de facto alguém de quem nunca tinham ouvido falar. E afinal, segundo a PJ, tratava-se de um empresário com uma «rede tentacular» montada para obter vantagens ilícitas em negócios com empresas que movimentam dinheiros públicos.

Tendo em conta o que já discutimos sobre *networking* eficaz, podemos não ficar muito admirados por saber que Manuel Godinho era uma pessoa relativamente discreta na nossa sociedade. Mas tal facto contraria uma certa visão comum de que um bom *networker* é alguém com elevada notoriedade e reconhecimento público. Com efeito, esta crença popular parece ser falsa e notoriedade não é sinónimo de centralidade.

Isto não significa que uma elevada notoriedade não possa servir de base ao incremento da centralidade. Mas a notoriedade não é um requisito fundamental para a ocupação de uma posição de centralidade na rede, como o mostra o caso de Manuel Godinho. É certo que nem tudo se sabe sobre este caso, nem tão pouco se Godinho é de facto o elemento mais central desta «teia» (nem mesmo se ela existe, no momento em que este livro está a ser escrito), ou sequer se existe alguma rede. Mas limitemo-nos a seguir o que veio escrito na comunicação social. Pode até acontecer que Godinho fosse apenas um «testa-de-ferro» e não o cérebro da rede. Mas que Godinho estabelecia contactos frequentes com um conjunto de pessoas poderosas e ocupava posições de centralidade, de intermediação e de *brokering* entre muitos outros actores, é algo que parece não deixar dúvidas. Não sendo um *one man show*, Godinho é uma indubitável estrela de rede.

Pense agora o leitor noutras pessoas que, não sendo notáveis nem detendo poder formal nas respectivas organizações, assumem posições de alta centralidade e controlam o acesso a recursos valiosos. Talvez esteja a pensar na secretária da direcção e no motorista do director. Estes «guardiões de acessos» têm uma elevada centralidade (endocentralidade, na maior parte dos casos), que os torna únicos nas redes organizacionais. São as pessoas que filtram a informação e fazem a triagem de quem pode aceder a determinados recursos sociais valiosos.

A constatação de que existem «redes ocultas» e «actores ocultos» nas redes deve constituir um guia primordial na forma como analisamos as relações sociais e como nos posicionamos estrategicamente. Como veremos adiante (capítulo 5), e à semelhança de redes criminosas e ilegais como a Al Qaeda e a Máfia, as redes sociais mais relevantes são muitas vezes invisíveis e a descodificação de quem está ligado a quem e com que intensidade é um trabalho por vezes laborioso. Mas pode também ser muito compensador para os nossos objectivos, caso as consigamos descodificar e utilizar de forma estratégica.

Para não deixar dúvidas ao leitor sobre esta matéria final, terminaremos este capítulo voltando ao pequeno mundo de Hollywood e ao papel dos duplos nesta rede social. Os duplos de sucesso em Hollywood podem participar em muitos mais filmes do que a grande maioria dos actores, principalmente porque, sendo a sua intervenção em cada filme relativamente reduzida em termos de tempo, podem participar em mais filmes ao longo da sua carreira. Também podem despender mais tempo em actividades de relacionamento, uma vez que o tempo entre filmes é geralmente maior.

Um exemplo crítico é o de John Stewart[18], que já participou em mais de 150 filmes. Imagine o leitor a dimensão da rede de pessoas que John Stewart conhece na indústria cinematográfica de Hollywood (e consequentemente de todo o mundo, como vimos antes). O mais provável é que o leitor nunca tenha ouvido falar do duplo John Stewart, que fica sempre na sombra. Mas isso nada diz sobre a centralidade e o poder de referência que ele tem na rede cinematográfica. Stewart pode não ter a notoriedade de Kevin Bacon, Bruce Willis ou Julia Roberts, mas a sua centralidade e capacidade de prospecção de rede torna-o alguém que o leitor deveria querer conhecer caso pretendesse integrar a rede de produção de cinema de Hollywood.

Conclusão

Agora que o leitor já teve a oportunidade de conhecer alguns dos parâmetros fundamentais para navegar eficazmente nas redes sociais relevantes, lançamos-lhe o desafio de aprofundar estes conceitos nos próximos capítulos. Poderá saltar directamente para os capítulos onde a aplicação destes princípios ou os conceitos lhe pareçam

---

[18] http://www.hollywoodstuntman.com/bio.html

mais prioritários. Mas em cada um deles encontrará diferentes conceitos e ferramentas, que o ajudarão a tornar-se mais hábil na gestão das redes sociais. Antes de avançar, contudo, ficam algumas recomendações e desafios para tornar mais efectivas as suas práticas de *networking*:

- reflicta sobre algumas das pessoas que toma como hábeis na forma como gerem as suas relações de *networking* e analise em que grau ilustram os conceitos de centralidade e intermediação discutidos introdutoriamente neste capítulo. Pense também em que medida se antevê a actuar de formas semelhantes ou prefere adoptar outro estilo de *networking*. Não se esqueça que cada pessoa tem a sua própria forma de se relacionar com os outros e que não há receitas únicas no que se refere à gestão das redes sociais;
- pense numa pessoa que sempre desejou conhecer e «deite mãos à obra». Veja quem pode servir de intermediário e desenhe uma estratégia para conhecer essa pessoa;
- avance para o próximo capítulo. Não perca mais tempo e veja como explorar de forma mais eficaz cada uma das ferramentas conceptuais abordadas até agora. Aproveite para ir experimentando na prática; não se esqueça de que há um grande conjunto de pequenos mundos, lá fora, à sua espera.

Capítulo 3

À procura de emprego: muitos «conhecidos» ou «poucos amigos»?

Nem todos os leitores saberão como o célebre físico Albert Einstein encontrou o seu primeiro emprego, mas a sua história é conhecida[19]. Quando Albert terminou os estudos universitários em 1900, sentiu grandes dificuldades em encontrar uma colocação profissional compatível com as suas qualificações. Em parte, é sabido que tal dificuldade se devia aos antagonismos criados com os professores. O facto é que o genial Einstein não conseguia encontrar um trabalho «decente». Depois de mais de um ano à procura de um emprego «ao seu nível», Einstein foi chamado para uma entrevista com um director do Gabinete de Patentes suíço, em Zurique. Segundo a história, apesar de a entrevista ter decorrido de forma desastrosa, Einstein conseguiu o lugar e foi contratado.

---

[19] De Graaf & Flap (1988).

Na verdade, o director era um amigo do pai de Marcel Grossman, grande amigo e antigo colega de Einstein, a quem este recorreu para resolver este problema.

Antes de conhecer a história de vida de Einstein, poucos arriscariam prever que este génio, tantas vezes apontado como um dos maiores ícones da inteligência humana, necessitasse do «favorzinho» de um amigo para encontrar o seu primeiro emprego. Mas assim foi. É certo que durante estes anos no Gabinete de Patentes suíço Einstein desenvolveu as suas maiores descobertas científicas mas, na verdade, o cargo que ocupava era bastante modesto quando comparado com o seu potencial intelectual. Seja como for, a inteligência e as habilitações académicas não parecem ser suficientes (nem talvez determinantes) para que encontremos o emprego que procuramos. Nem para Einstein, nem para os *boys* em busca de *jobs* nem porventura para nenhum de nós.

Que muitas pessoas encontram emprego através de um amigo ou de um familiar não é certamente novidade para o leitor. No ano de 2005, uma edição do *Jornal de Negócios*[20] apresentava dados do Instituto Nacional de Estatística (INE) que mostravam que cerca de 30% dos portugueses encontravam emprego por intermédio de pessoas conhecidas, ou como era referido, através de uma «cunha». Mais recentemente, numa primeira página do *Diário de Notícias*[21] podia ler-se «45% dos jovens só arranjam emprego através de cunhas». No resto da notícia, lia-se: «Segundo um inquérito do INE, só 3% dos inquiridos obtiveram trabalho nos centros de emprego.

---

[20] *Jornal de Negócios*, 30 de Novembro de 2005.
[21] *Diário de Notícias*, 1 de Maio de 2010.

31,2% encontraram trabalho através de uma candidatura directa à entidade empregadora e 8,6% mediante resposta a anúncio na imprensa e/ou Internet». Mesmo com a conotação negativa que a palavra «cunha» possa ter entre nós, este não é um fenómeno exclusivamente português. Pelo contrário: um estudo realizado por dois investigadores da Universidade de Utrecht[22], com dados recolhidos nos anos 80, apresentava uma realidade semelhante em países como a Holanda, os Estados Unidos e a então Alemanha Ocidental. Em concreto, estes investigadores verificaram que cerca de um terço dos holandeses utilizou contactos pessoais para obter o emprego que tinham. Estes valores eram substancialmente mais altos no caso da Alemanha, onde o emprego obtido através de conhecidos abarcava mais de 40% das pessoas, e ainda mais elevados nos Estados Unidos, onde esta estatística chegava aos 60%. E se retirarmos a estes valores uma proporção de «mentira» nas respostas associada à «desejabilidade social», os número reais poderão ser ainda mais significativos.

A verdade é que muitos empregos são efectivamente ocupados sem que haja qualquer mecanismo formal de recrutamento ou atracção de candidatos. Além disso, é discutível até que ponto as capacidades intelectuais e as competências profissionais dos candidatos estão na base das decisões tomadas ao nível da gestão nas organizações. Há anos que se tornou popular a ideia de que, além das nossas capacidades técnicas, académicas e profissionais, outros aspectos da personalidade parecem ser marcantes para o percurso e sucesso profissionais. Para

---

[22] De Graaf & Flap (1988)

isso muito contribuiu o trabalho de síntese desenvolvido pelo conhecido psicólogo e divulgador Daniel Goleman no domínio da inteligência emocional[23].

Mas os estudos sobre a forma como se ascende, em termos de *status social*, têm mostrado mais. Têm tornado evidente que, além de aspectos disposicionais (como a inteligência e as competências emocionais), as redes sociais são um factor determinante do estatuto social máximo que cada um de nós conseguirá alcançar ao longo da vida[24]. A maioria destes estudos parte da distinção básica de que há aspectos relacionados com o *status* que nos são atribuídos à partida e sobre os quais nada podemos fazer, genericamente designados de *estatuto atribuído*. Essas características prendem-se essencialmente com aspectos individuais, tais como o estatuto social da nossa família, nomeadamente dos nossos pais. Mas é também evidente que uma pessoa pode alterar o seu estatuto social ao longo da vida. Os sociólogos chamam a este processo social *estatuto alcançado*, o qual se refere a aspectos como o nível educacional e o estatuto das profissões anteriormente desempenhadas. Desde há muito que investigadores americanos procuram compreender a importância do estatuto atribuído e do estatuto alcançado relativamente ao *status* social e à mobilidade social. Na verdade, os valores meritocráticos e o pressuposto da ascensão social com base no esforço e no mérito individual constituem os pilares da visão de sociedade que sustenta o chamado «sonho americano». Pelo contrário, os efei-

---

[23] Goleman, D. (1995) [*Inteligência Emocional*, Lisboa: Círculo de Leitores].
[24] Lin (1999).

tos devidos ao estatuto atribuído podem ser encarados como evidência de injustiça social e de desigualdade de oportunidades. Para verificar até que ponto a sociedade norte-americana se encontrava, nos anos 60, efectivamente alicerçada em valores de igualdade e de meritocracia individual, os sociólogos Peter Blau e Otis Duncan realizaram vários estudos que apresentaram na sua obra clássica *The American Occupational Structure*[25]. A grande conclusão destes estudos foi a de que, mesmo aceitando os efeitos dos factores de estatuto atribuído, os factores de estatuto alcançado continuavam a ser os principais elementos explicativos do estatuto social que um indivíduo iria alcançar. Genericamente, o estatuto social dos nossos pais é um determinante importante do estatuto social alcançado, mas aspectos como o grau de escolaridade e o estatuto dos cargos profissionais que tivemos anteriormente – os elementos do estatuto alcançado – são muito mais determinantes para explicar a ascensão social. É verdade que os elementos do estatuto alcançado e do estatuto atribuído não são totalmente independentes. Um nível social familiar mais elevado está relacionado positivamente com maiores níveis de escolaridade, que por sua vez estão positivamente relacionados com os níveis de estatuto das colocações profissionais anteriores. Mas a verdade é que, pelo menos para a sociedade americana dos anos 60 (e possivelmente mais ainda nos dias de hoje, após décadas de progresso em termos de igualdade de direitos), mesmo controlando esta influência indirecta do estatuto atribuído, o nível educacional alcançado mostrou ser o melhor preditor da ascensão

---

[25] Blau & Duncan (1967).

social dos americanos, segundo os estudos pioneiros de Peter Blau.

Neste sentido, e voltando à questão de partida, se as redes sociais são um factor determinante no estatuto social máximo que cada um conseguirá alcançar e se a ascensão social depende mais de elementos que os indivíduos podem em parte controlar (por exemplo, o nível de escolaridade e as redes sociais em que vão participando) do que dos efeitos do estatuto atribuído (genericamente, o nível social de proveniência), o que acontece com os indivíduos que ascendem socialmente? Quais são as razões que conduzem alguns indivíduos a ascenderem socialmente, enquanto outros estagnam ou vêem mesmo decrescer o seu estatuto social?

A resposta a esta questão é complexa e exige que nos debrucemos primeiro sobre uma distinção essencial quando falamos de relações sociais: a diferença entre laços fortes e laços fracos.

Como encontrar um emprego... ou outra coisa qualquer

Todos sentimos a pressão do pouco tempo que temos para fazer o que pretendemos. Ideal seria que os nossos dias tivessem 36 ou 48 horas. E mesmo assim seriam insuficientes.

O mesmo acontece com o tempo que investimos nas actividades de *networking*. Um dos grandes dilemas que enfrentamos é o de escolher entre despendermos muito tempo com um «núcleo duro» de *amigos* e o de distribuirmos esse tempo relacionando-nos de forma mais superficial com muitos *conhecidos*.

Por exemplo, se pretendemos encontrar um novo trabalho, quem será de maior ajuda, os amigos que vemos regularmente ou as pessoas que apenas conhecemos, mas com quem não mantemos uma relação regular e próxima? E se quisermos encontrar uma nova casa, contratar um novo empregado, ou arranjar um novo fornecedor? Ou até mesmo encontrar alguém que nos ajude a compreender como funciona um *software*, a esclarecer uma dúvida sobre legislação laboral, ou uma pessoa que nos aconselhe um médico especialista numa determinada especialidade? Em todos estes casos, quem é que nos poderá ajudar, os nossos amigos mais chegados ou os apenas conhecidos?

O leitor terá a sua própria crença em relação a esta pergunta, provavelmente fruto das suas próprias experiências, mas os sociólogos e psicólogos sociais que têm estudado estas questões têm encontrado resultados robustos sobre a matéria.

Um dos estudos mais célebres neste campo foi realizado pelo sociólogo Mark Granovetter[26], um dos pioneiros do estudo do *networking*, a que temos vindo já a fazer alusão. Nesse trabalho clássico, Granovetter entrevistou indivíduos que tinham mudado recentemente de emprego e perguntou-lhes como tinham tomado conhecimento de que existiam essas vagas disponíveis.

Os resultados desta investigação mostraram, em primeiro lugar, que os principais veículos através dos quais os entrevistados tinham tomado conhecimento dos novos empregos eram os familiares ou amigos próximos – definidos como aqueles com quem mantinham contacto

---

[26] Granovetter (1974).

regular e frequente, e pessoas conhecidas – considerados aqueles com quem tinham contactos infrequentes ao longo do tempo. Aos primeiros Granovetter deu o nome de *laços fortes*. Aos segundos, o de *laços fracos*. Segundo Granovetter, a força dos laços depende de três factores: (1) a frequência do contacto; (2) a reciprocidade (por exemplo, uma troca de favores ou obrigações); (3) as amizades (afectos e emoções).

Os resultados obtidos por Mark Granovetter mostraram que, para profissões tecnicamente especializadas e para funções de gestão, os indivíduos afirmavam mais ter tomado conhecimento dos novos empregos por contactos caracterizados como *laços fracos* do que através dos categorizados como *laços fortes*. Em concreto, de todos os indivíduos que tinham encontrado emprego através de um contacto pessoal, 16,7% disseram ver «regularmente» esse contacto, mas 55,6% responderam ver esse contacto apenas «ocasionalmente» e 27,8% responderam ver o contacto «raramente», mostrando assim que os conhecidos parecem desempenhar, mais do que os amigos chegados, um papel fundamental em actividades como a procura de um novo emprego.

Os estudos de Granovetter deram início a um conjunto de investigações que procuraram compreender a origem da «força dos laços fracos»[27]. A maior parte dessas investigações teve por base a noção de *círculos sociais*. Todos temos os nossos círculos sociais e somos semelhantes em alguma coisa aos restantes membros desses círculos. Por exemplo, partilhamos a área de formação com os nossos colegas de curso, partilhamos os

---

[27] Granovetter (1983).

nossos amigos, familiares, etc. Além disso, porque as relações sociais se estruturam em torno destes círculos sociais, existe uma tendência para que os amigos dos nossos amigos também sejam nossos amigos. Pense o leitor nos seus círculos de amigos. No trabalho, em família, no grupo recreativo, no grupo de amigos de infância, nos ex-colegas de turma, ou mesmo no partido político a que pertence. É grande a probabilidade de que, se um dos seus amigos próximos conhecer uma terceira pessoa, o leitor também a conheça. Afinal, pertence ao mesmo círculo de amigos do seu amigo.

É por esta razão que as pessoas com quem temos laços mais fortes são aquelas que, mantendo constantes todos os outros factores, trarão menos novas informações, ideias, ou notícias de alguém que oferece o novo emprego de que estávamos à procura. Os laços fracos, pelo contrário, tendem a formar pontes que nos ligam a outros círculos sociais onde existe informação e outros recursos que é menos provável nos nossos próprios círculos sociais, informação essa que pode ser determinante.

Apesar do fundamento lógico e dos indícios empíricos que sustentam a importância dos laços fracos, os laços fortes também parecem desempenhar um papel preponderante nas nossas vidas. Além das necessidades emocionais que os laços fortes satisfazem, todos temos a noção, já comprovada pela ciência, de que os «amigos ajudam primeiro os amigos, e só depois os seus conhecidos»[28]. As ligações sociais fortes têm implícita a presença de relações de confiança, de reciprocidade, de empenho, de disponibilidade e de motivação para ajudar os amigos

---

[28] Uzzi (1996).

e os familiares([29]). Se é verdade que um conhecido tem mais probabilidade de nos informar sobre a existência de uma nova vaga profissional, não é menos verdade que os nossos amigos e parentes estão potencialmente mais predispostos do que os nossos conhecidos para nos ajudar a que sejamos os seleccionados para vir a ocupar essa vaga. Relembre o leitor, a título de exemplo, o que se passou com Einstein, tal como relatado na abertura deste capítulo.

A «força dos laços fortes» foi também evidenciada num estudo conduzido por Daniel Carpenter, Kevin Esterling e David Lazer([30]). Nesse estudo, os autores analisaram a forma como os lobistas do sector da saúde norte-americano tomavam decisões sobre como investir o seu tempo nas relações com os políticos. Dado o seu objectivo de obter informação «confidencial» o mais cedo possível antes das tomadas de decisão políticas, os lobistas podem investir mais tempo relacionando-se com muitos políticos conhecidos (laços fracos) ou construindo relações de amizade e confiança com poucos, mas influentes, políticos (laços fortes). Com as devidas diferenças, o papel destes indivíduos não é, a este respeito, muito diferente do desempenhado pelos corretores da bolsa de valores junto das empresas cotadas, para os quais a mínima informação adquirida antecipadamente pode significar muitos milhões de euros. Os resultados obtidos por Carpenter e os seus colegas, que analisaram inquéritos realizados a 135 lobistas do sector, mostram que o investimento em contactos feito por estes profissio-

---

[29] Lin (1999).

[30] Carpenter, Esterling, & Lazer (2003).

nais se reparte de forma similar quando há poucas organizações interessadas na matéria em causa. Contudo, à medida que mais organizações se interessam pela matéria e a informação se torna mais valiosa, os lobistas preferem voltar-se para os seus laços fortes.

O que as investigações de Carpenter sugerem é que a importância dos vários tipos de relação que mantemos depende de alguns factores, entre os quais o valor social da informação e o objectivo com que a rede social é activada. Laços fortes e laços fracos são, pois, ambos importantes, sendo a preponderância de um ou de outro *dependente do problema em análise*[31]. Os laços fracos são mais importantes para acedermos a informações novas, mas com menos valor social. São mais indicados para resolvermos problemas quando precisamos de informações que, para outros, são triviais e que envolvem pouco esforço da parte destes para nos ajudar. Os laços fortes, pelo contrário, são fundamentais para acedermos a informações valiosas e confidenciais e para a obtenção, junto dos outros, de favores que deles envolvem esforço e empenho.

Nan Lin forneceu um importante contributo conceptual para a compreensão dos diferentes tipos de capital social subjacentes a relações fracas e relações fortes. A sua proposta assenta na distinção entre «capital social acedido» e «capital social mobilizado»[32]. O primeiro tipo de capital refere-se ao número de pessoas conhecidas que conseguimos enunciar, seja no geral, seja em relação a um determinado domínio (*e.g.*, local de trabalho, vizi-

---

[31] Tausig & Michello (1988).
[32] Lin (1999).

nhança, etc.). Em termos metodológicos, a técnica mais utilizada para avaliar o *capital social acedido* é designada de «gerador de nomes». A técnica é simples: imagine que pretende identificar alguém que lhe possa dar pistas sobre como funciona um novo processador de texto que acabou de adquirir para o seu computador. Tente enumerar o maior número de pessoas que conhece e que poderiam ajudar o leitor neste assunto. Quantas pessoas conhecidas conseguiu identificar? Cinco? Dez? Vinte? E quem são essas pessoas? São semelhantes ou diferentes umas das outras em termos de idade, sexo, formação académica e grau de relação que têm consigo?

Pense agora nas pessoas a quem efectivamente pediu ajuda no passado, numa situação semelhante. Pense nessas pessoas e compare-as relativamente à idade, sexo, formação académica e relação que mantêm consigo. Neste segundo caso, a lista de pessoas identificadas pelo leitor reflectem o seu *capital social mobilizado* e não o acedido.

Se o leitor teve a curiosidade e oportunidade de fazer o exercício que lhe propusemos, registará provavelmente que as listas não se sobrepõem na totalidade e que não têm a mesma dimensão. A razão é simples: todos temos em diversos domínios e para diferentes objectivos uma rede de *capital social acedido* relativamente extensa e heterogénea, mas quando temos de mobilizar as pessoas para nos ajudarem a alcançar os nossos objectivos, apenas algumas pessoas, com determinadas características, estão dispostas a fazê-lo – a nossa rede de *capital social mobilizado*.

Quais são as características das pessoas com que podemos contar e que podemos mobilizar em função dos nossos interesses? Como podemos moldar as nossas relações sociais para aumentar o «capital social mobilizável» e envolver os outros quando deles precisamos? Vários investigadores têm procurado encontrar respostas para estas questões.

A regra de ouro

Uma das regras sociais básicas para compreendermos e prevermos quem e em que condições pode ajudar-nos a alcançar aquilo que queremos é conhecida como a «norma da reciprocidade»([33]). Muitas vezes designada «regra de ouro»([34]), a reciprocidade refere-se simplesmente ao sentimento de obrigação para retribuir aos outros aquilo que eles nos dão. Este sentimento de obrigação social está de tal modo arraigado nas relações humanas que pode ser observado de forma praticamente universal em todos os agrupamentos humanos, podendo ser encontrada de forma expressa em culturas tão distintas como a judaico-cristã – «trata os outros como gostarias de ser tratado» – ou a confuciana, como na China – «não faças aos outros o que não queres para ti»([35]).

Na verdade, desde pequenas que as crianças são ensinadas pelos pais, colegas e professores sobre a importância de retribuírem àqueles que lhes fazem ou dão coisas boas. Esta aprendizagem é de tal forma estimulada que a reciprocidade acaba por ser interiorizada, tornando-se

---

[33] Gouldner (1960).
[34] Plickert, Côté, & Wellman (2007).
[35] Whatley, Webster, Smith, & Rhodes, (1999).

uma norma social adquirida e supostamente «inviolável». Um estudo realizado por Mark Whatley e os seus colegas([36]) mostra bem o quanto a norma de reciprocidade é actuante, mesmo para pequenos actos, mesmo quando esses actos não são solicitados, e mesmo em relação a pessoas desconhecidas.

Nesse estudo laboratorial, era dito aos participantes, para os distrair do verdadeiro objectivo da investigação, que a sua participação se destinava a estudar a forma como avaliamos peças artísticas. Enquanto o participante esperava pelo início da experiência na sala de espera, outro pretenso participante, na verdade um cúmplice dos investigadores (*i.e.*, um falso participante, previamente instruído), entrava na sala e metia conversa com o primeiro, confirmando-lhe que também ali estava para a dita experiência, mas que tinha pouco tempo antes de ter de regressar ao trabalho. Em seguida, a experiência começou e cada um dos dois participantes (o verdadeiro e o cúmplice) começaram a avaliar individualmente as peças de arte que lhes eram apresentadas. Passados três minutos, o investigador informou os participantes de que podiam descansar durante três minutos e é neste momento que se dá a manipulação crucial deste estudo. Durante o intervalo, o participante-cúmplice sai da sala e volta pouco depois. Numa das condições do estudo (*i.e.*, para um grupo de participantes), o cúmplice volta com dois pacotes de chocolates M&M, supostamente comprados numa máquina automática, e oferece ao participante um dos pacotes, dizendo que estava com fome e que pensou que o participante também poderia querer.

([36]) Whatley, Webster, Smith, & Rhodes, (1999).

Todos os participantes aceitaram este pequeno favor do comparsa. Na outra condição do estudo (*i.e.*, para outro grupo de participantes), o cúmplice volta de mãos vazias e diz apenas que espera ainda ter tempo para comer qualquer coisa depois. Em seguida o investigador diz que o resto do estudo será feito em salas separadas e o participante prossegue as suas avaliações da arte. No final destas avaliações, dá-se o momento crítico da experiência. O investigador pede desculpa pela demora da experiência e informa o participante que o outro «participante» teve de sair antecipadamente para ir trabalhar, mas que tinha deixado um papel para lhe entregar, que o participante tinha de preencher enquanto o investigador recolhia outros documentos. O papel pedia um donativo para a «Corrida pela Fundação das Crianças» e o participante tinha de preencher o papel dizendo se estava disposto a doar algum dinheiro e, em caso afirmativo, quanto. O que se pretendia observar aqui era até que ponto os sujeitos que tinham recebido um pequeno favor do cúmplice estavam mais propensos a ajudá-lo do que os que não tinham recebido os seus M&M. No final o investigador voltou à sala, recolheu o papel e agradeceu ao participante toda a sua colaboração.

Os resultados obtidos são elucidativos do poder da norma da reciprocidade. Os participantes comprometeram-se significativamente mais a doar dinheiro para a causa do cúmplice na situação em que este tinha feito o pequeno favor de lhes dar os M&M, do que na ausência desse pequeno favor. Na primeira situação, 63,5% comprometeram-se a doar dinheiro, face aos 45,8% da segunda situação. Além disso, na presença do pequeno favor, os participantes aceitaram doar significativamente mais dinheiro (3,45 dólares em média) do que na sua ausência (2,32 dólares em média).

Se alguma implicação se pode retirar deste estudo é a de que existe uma norma social interiorizada que nos leva a sermos recíprocos para com os outros. Esta tendência para a reciprocidade pode ser estrategicamente utilizada nas relações de *networking*. Como refere Don Vito Corleone no filme *O Padrinho*, de Francis Ford Coppola, adaptado do romance de Mário Puzo, «para receber, temos muitas vezes de dar primeiro». Atente ainda o leitor que, no caso da investigação conduzida por Mark Whatley, o pequeno favor era feito por alguém desconhecido, que provavelmente o participante nunca mais iria ver, o que reforça a ideia de se tratar de uma norma social interiorizada e generalizada.

Mas o estudo de Whatley revelou mais. Além de resultar da existência de uma norma interiorizada, o facto de se tornarem públicos os nossos actos recíprocos reforça a sua prevalência. Numa variante desta mesma investigação, o documento de doação pedia explicitamente aos participantes para anotarem o nome, morada e contacto telefónico. Nesta condição, 67,1% dos participantes aceitaram dar dinheiro, contra os 43,6% da condição anónima, onde não era pedido à pessoa para se identificar. Para Whatley, estes resultados são uma prova de que, além da norma interiorizada, existe uma pressão social que nos recompensa quando nos comportamos de acordo com a reciprocidade e nos penaliza socialmente quando a violamos.

Em suma, se queremos obter algo de alguém e desejamos transformar capital social acedido em capital social mobilizável, porque não começar por oferecer ajuda aos nossos interlocutores, mesmo sem que ela nos tenha sido solicitada? A probabilidade de conseguirmos obter em troca o que desejamos aumenta à medida que damos aos outros. Esta é uma das regras básicas da interacção social. Até porque a investigação revela também que é mais provável existir uma relação de ajuda quando alguém oferece os seus préstimos do que quando a pessoa que ajuda espera que o outro lhe solicite essa ajuda[37]. Um exemplo simples. É possível que o leitor tenha já experimentado receber alguém no seu gabinete que esteja visivelmente cansado e com sede. Se lhe perguntou se queria beber alguma coisa, é provável que essa pessoa tenha respondido afirmativamente. Mas se não lhe ofereceu nada para beber, é pouco provável que ela tenha pedido. É certo que este é um favor simples, mas o mesmo se passa com outros favores mais valiosos.

A norma da reciprocidade não explica todo o processo de mobilização dos recursos para ajudar os outros. De facto, no caso do estudo acima descrito, a pessoa que faz primeiro o pequeno favor é um cúmplice dos investigadores. Mas na vida real, ajudar alguém que não conhecemos pode constituir um risco, no sentido em que nos podemos tornar presas fáceis de outrem. Dito de outro modo, porque não gostamos que alguém se aproveite da nossa generosidade e nem sempre podemos confiar nos outros, podemos julgar que o ser humano tem poucas razões para iniciar uma relação de ajuda, principalmente quando não conhece o outro nem antecipa poderem existir relações de troca no futuro. É verdade que nas relações mais próximas – nas quais existem laços fortes

---

[37] Jung (1987).

– ajudar alguém pode ser visto como um *investimento social*, no sentido em que o receptor da ajuda se passará a *sentir em dívida* face a quem lhe providenciou ajuda. Mas como explicar que a reciprocidade social ocorra entre pessoas que não se conhecem nem esperam interagir no futuro?

Ann McGuire tem investigado a resposta a esta questão. Os seus estudos sustentam a tese de que as razões por detrás da ajuda que prestamos a desconhecidos e pessoas de quem não esperamos nada em troca se devem a um viés mental na análise social que fazemos daquilo que damos e daquilo que recebemos. Em concreto, McGuire defende que temos um «viés de gratidão» que se deve a uma simultânea *sobre-avaliação* da ajuda que recebemos e uma *sub-avaliação* da ajuda que damos. Este viés gera um sentimento generalizado de dívida para com os outros, que nos leva a ajudá-los sem esperarmos nada em troca.

Para pôr esta tese à prova, Ann McGuire realizou um estudo[38] no qual pediu aos participantes que recordassem incidentes reais, vividos pessoalmente, nos quais tivesse existido uma situação de ajuda (como ajudante ou como receptor da ajuda). Em seguida, McGuire pedia aos participantes que avaliassem cada uma dessas situações em termos dos custos para a pessoa que ajudou e dos benefícios para as pessoas ajudadas.

Os resultados obtidos corroboram a sua tese de que existe no ser humano um *viés de gratidão generalizado*. Com efeito, independentemente do facto de o avaliador

---

[38] McGuire, A.M. (2003). «It was nothing" – Extending evolutionary models of altruism by two social cognitive biases in judgements of the costs and benefits of helping». *Social Cognition*, 5, 363-394.

ser o dador ou o receptor da ajuda, os benefícios estimados para o receptor eram muito maiores (5,40 em média, numa escala de 7) do que os custos médios estimados para o dador (2,57 em média). Além disso, os benefícios para o receptor eram percebidos como significativamente maiores quando avaliados pelo receptor do que quando avaliados pelo ajudante, o que demonstra que o ajudante tende a subavaliar os benefícios da sua ajuda. Do mesmo modo, os custos para o ajudante foram julgados como significativamente mais elevados quando o avaliado se encontrava no papel de receptor, o que corrobora a tese do viés da gratidão.

Daqui se infere que, nas relações de *networking*, os «pequenos» favores são altamente compensadores, apesar do risco de, por vezes, se encontrar oportunistas ocasionais que se aproveitam da generosidade dos outros. Quando ajudamos alguém, essa pessoa verá esse gesto como o resultado de um elevado esforço da nossa parte, mesmo que ele nos pareça ter sido apenas um pequeno favor com pouco significado. Por isso, a probabilidade de obtermos ajuda por parte dessas pessoas, no futuro, é muito maior, o que se poderá revelar crucial para as subsequentes relações de *networking*.

A reciprocidade nos laços fortes e nos laços fracos

Vimos até aqui que as relações de ajuda podem ocorrer entre amigos, conhecidos e até mesmo entre desconhecidos. Mas serão estas relações semelhantes, ou a força dos laços entre as pessoas influencia a forma e a disponibilidade para ajudar os outros? No estudo de McGuire, acima descrito, os participantes na experiência tinham ainda que reportar o grau de relação com o outro interveniente na situação de ajuda. Em concreto, os participantes tinham de identificar a outra parte como um estranho, um conhecido ou um dos melhores amigos.

Os resultados obtidos indicam que os benefícios percebidos pelos receptores da ajuda aumentam linearmente à medida que os laços se tornam mais fortes (*i.e.*, aumentam dos estranhos para os conhecidos e destes para os melhores amigos). Pelo contrário, os custos percebidos pelos participantes que descreveram situações onde ajudaram outras pessoas, apresentaram um efeito não linear, sendo os custos vistos como significativamente maiores tanto na ajuda a conhecidos como aos melhores amigos, comparativamente à ajuda prestada a estranhos. Estes resultados sugerem que as relações de ajuda e o «viés da gratidão» não são um fenómeno totalmente universal, o qual é influenciado por outras variáveis, como o tipo de relação que mantemos com o outro. Curiosamente, quando fazemos um favor a alguém que não conhecemos, sentimos ter feito menos esforço do que quando fazemos algo por pessoas conhecidas.

Uma possível explicação é a de que os favores que fazemos aos nossos amigos e conhecidos são realmente mais exigentes. Além disso, esta percepção de que aquilo que fazemos pelos nossos amigos exige mais esforço, deverá também ser uma das razões pelas quais a reciprocidade é tão forte entre amigos. Dito de outro modo: estamos mais disponíveis para fazer grandes favores aos nossos amigos, mas mantemos com eles uma situação de *dívida social* muito maior, o que ajuda a reforçar a reciprocidade e os laços fortes já existentes. Fica pois claro que as relações de ajuda são diferentes entre pessoas que mantêm laços fortes e entre pessoas que têm laços fracos. Mas de que forma diferem estas relações?

Numa revisão da bibliografia sobre o tema feita em 1988 por Margaret Clark[39] e Harry Reis, os autores propuseram uma sistematização que ajuda a compreender como diferem as relações fortes e fracas no que diz respeito à reciprocidade. Clark e Reis distinguiram «relações comunais» e «relações de troca».

Relações comunais são as que envolvem interdependência dos resultados para ambas as partes e que se perspectivam temporalmente no médio e longo prazo. Estas relações estão fortemente associadas aos laços fortes. As relações de troca, pelo contrário, são aquelas em que não existe uma interdependência dos resultados das partes e nas quais, por essa razão, as relações sociais tendem a basear-se na equidade de tratamento no curto prazo e numa troca mais económica e racional. As relações que estabelecemos com pessoas conhecidas, pessoas que conhecemos pela primeira vez, ou mesmo interlocutores de negócios – os nossos laços mais fracos –, tendem a constituir relações desta natureza.

Como descrevem Clark e Reis, várias investigações têm demonstrado que o tipo de relação – comunal ou de troca – que estabelecemos com os outros é um determinante dos comportamentos que emergem nessa relação. Nas relações de troca, as pessoas tendem a reagir positivamente à compensação imediata de favores que os outros lhes fazem e tendem a exigir o mesmo delas. Neste tipo de relações, as partes monitorizam os contributos

---

[39] Clark & Reis (1988).

individuais em tarefas comuns e os indivíduos sentem-se explorados quando a sua ajuda ou contributo não foi alvo da reciprocidade da outra parte. Já nas relações comunais, os indivíduos tendem a reagir negativamente à compensação imediata dos favores dos outros, e não se sentem explorados por ajudar os outros sem obter um pagamento directo. Pelo contrário, nas relações de tipo comunal, as pessoas tendem a monitorizar as necessidades dos outros, mesmo quando não há uma oportunidade clara de se fazer um favor que seja «pagável».

A capacidade para distinguir e criar relações comunais e relações de troca é fundamental para a prática do *networking*. Na verdade, cada um destes tipos de relações é importante, podendo ser utilizadas de forma instrumental. Pode-se, por exemplo, exigir o retorno imediato de um determinado favor que fizemos ou mesmo negociar o que queremos obter em troca de um favor que fazemos a outra pessoa. Contudo, não devemos esquecer que, nestes casos, estamos a criar relações de troca, pelo que o interlocutor poderá exigir que paguemos «na mesma moeda». Quando construímos relações comunais, pelo contrário, estimulamos relações duradouras e, como tal, contribuímos para que os contactos que fazemos nas nossas redes sociais se mantenham interdependentes durante mais tempo. Isto pode implicar ajudar alguém à partida, mesmo sem ter em vista como e se, algum dia, vamos ser ajudados por essa pessoa. Mas também nos garante que, em caso de necessitarmos de ajuda, estes interlocutores se mostrarão mais disponíveis para ajudar, assumindo o papel de capital social mobilizável.

Networkers hábeis e experientes sabem como as relações comunais são importantes para a obtenção antecipada do apoio de alguém. Esses indivíduos utilizam as relações comunais para obter favores dos seus contactos, com a promessa implícita de que a paga será generosa quando, no futuro, for possível realizá-la. Aqueles que já lidaram com algum «político profissional» estão familiarizados com esta prática. Quase sem excepção, estes indivíduos criam nos potenciais apoiantes a expectativa de que o apoio será recompensado no futuro, mesmo sem prometerem nada de concreto. Em relações comunais deste género, tal expectativa é suficiente para que as pessoas dêem o seu apoio a alguém, o que não aconteceria no caso das relações de troca.

Fica pois claro que, embora a reciprocidade constitua uma lei geral do comportamento social humano, a forma como ela se expressa difere em função da natureza e da força dos laços sociais envolvidos. Quando se trata de desconhecidos ou de pessoas que conhecemos menos bem, as relações tendem a assentar numa lógica transaccional, em que os ganhos e perdas são calculados e levados em conta nas decisões de ajuda. Quando se trata de relações fortes, como no caso de familiares e amigos, a reciprocidade tende a traduzir-se numa relação comunal na qual a ajuda é feita sem calculismo nem antecipação de retorno.

Partidos políticos e clubes de golfe: camaradagem e grupos de interesse

Pensamos frequentemente que as pessoas que nos podem ajudar são aquelas que nos estão mais próximas – os nossos laços fortes – ou as que, estando socialmente mais afastadas, detêm mais poder, que poderão utilizar para nos ajudarem e com quem contraímos uma dívida social para o futuro – os nossos laços fracos. Na verdade, além dos nossos familiares e amigos, e daqueles que desconhecemos quase por completo, há outro grupo de pessoas com as quais a maioria de nós se relaciona: os nossos camaradas([40]) ou membros associativos. Quantos leitores não pertencem a, pelo menos, um grupo social informal([41])? Uma associação, um grupo de culto, um grupo religioso, um grupo recreativo e de lazer, uma associação de pais numa escola, ou um grupo habitual de jogadores de golfe? A quantos grupos informais pertencemos e nos quais nos relacionamos com outros membros dessas associações? Alguma investigação sobre *networking* e construção de capital social tem-se centrado precisamente neste tipo de relação social, a camaradagem em organizações informais. Por vezes designados *grupos de interesse*, eles constituem reservatórios de recursos sociais que nem os laços sociais fortes tradicionais (*e.g.*, familiares), nem os demasiado fracos (conhecidos, mas sem partilha de sentimento de grupo) nos podem fornecer.

Estes estudos proporcionam descobertas relevantes sobre como rentabilizar os contactos com os nossos camaradas. A sua peculiaridade reside no facto de os camaradas deste tipo de organização (pense o leitor, por exemplo, no grupo associativo da localidade onde reside,

---

([40]) Do inglês *companionship*.

([41]) Neste contexto, a utilização da palavra «informal» não deve ser entendida como não legal ou institucionalizada, mas apenas como um tipo de organização onde a entrada dos membros é voluntária, encontrando-se fora dos nossos papéis familiares e profissionais.

ou num grupo de pesca recreativa) não serem necessariamente categorizáveis na tipologia laços fortes/laços fracos. Alguns deles já eram nossos amigos (foram eles que nos levaram a juntarmo-nos ao grupo ou vice-versa), ou então tornam-se laços fortes pelas amizades que se formam posteriormente. Outros continuarão a ser ligações ténues, cuja esfera de intimidade se situará no âmbito do que a vida associativa impõe. Não obstante, a pertença a grupos sociais deste tipo e o consequente estabelecimento de relações de camaradagem trazem grandes vantagens em termos do desenvolvimento das nossas redes de *networking*. Isto acontece porque a pertença a essas redes permite aceder a círculos sociais muito diversificados (além da associação recreativa, pouco pode existir em comum nas redes de dois camaradas) – uma vantagem dos laços fracos – sem comprometer o sentimento de reciprocidade inerente à pertença a um grupo comum – uma vantagem dos laços fortes. Dito de outro modo, os laços sociais estabelecidos no âmbito dos grupos de interesse proporcionam uma síntese das vantagens que obtemos tanto dos laços fortes como dos fracos. É este o maior poder dos grupos de interesse em termos de *networking*.

Não há grandes dúvidas sobre as vantagens de pertencer a estes grupos sociais para as actividades de *networking*. Mas como funcionam as relações entre camaradas no âmbito destas associações e grupos recreativos e como se podem traduzir em maior capital social? Para responder a esta questão, três investigadores da Universidade de Manchester realizaram um estudo sobre as relações de camaradagem em três instituições de natureza voluntária do noroeste de Inglaterra: uma delegação do Partido Trabalhista, uma delegação de uma organização ambiental e um grupo de conservação local[42]. Os investigadores questionaram os participantes sobre com quais dos seus camaradas se encontravam fora da organização. Em concreto, os participantes foram inquiridos sobre várias práticas relacionais entre camaradas, tais como serem convidados para ir a casa uns dos outros, tomarem uma refeição em casa uns dos outros, irem ao *pub* ou comerem juntos na noite anterior.

Os resultados obtidos são reveladores da forma como as relações de camaradagem ajudam a gerar capital social. Eles mostraram que 56% dos inquiridos revelaram encontrar-se com outros camaradas fora das actividades da organização à qual tinham uma pertença comum. Este resultado mostra que a nossa pertença a grupos recreativos informais se estende muito para lá das actividades e das relações que mantemos no âmbito dessas organizações. Essa pertença é também um importante veículo para o estabelecimento de relações de *networking* mais fortes com pessoas com as quais dificilmente iríamos interagir por questões profissionais ou familiares. Elas desempenham por isso um importante papel para aumentarmos a heterogeneidade dos nossos contactos sociais e para podermos aceder a círculos sociais diferenciados e para mobilizar agentes sociais que, de outra forma, seria muito difícil influenciar.

Uma colega dos autores deste livro costuma dizer em tom de brincadeira que «quem não tem interesses é uma pessoa desinteressante». Mas na verdade todos temos interesses. Nem sempre, todavia, os vemos como oportunidades de *networking*.

---

[42] Warde, Tampubolon & Savage (2005).

Um exemplo pessoal revela como é fácil encontrar grupos de interesse à medida de cada um. A mulher de um dos autores deste livro (M. Lopes) deu-lhe a conhecer há uns anos que um seu tio, residente na zona do Porto, pertencia ao «Clube dos Rogérios». Escusado será dizer que se trata do tio Rogério (que tem um filho chamado Rogério). Trata-se de um grupo constituído por pessoas com o nome Rogério, que se juntam regularmente para confraternizar e fazer algum *networking*. Alguns anos mais tarde, foi possível constatar em directo o poder e o benefício destes grupos. Numa das muitas viagens que fez com a família a Lisboa, e na qual aproveitou para visitar os sobrinhos, assistiu-se à seguinte cadeia de acontecimentos.

Primeiro evento: vamos almoçar à zona da Ericeira e precisamos de um bom restaurante (boa comida e em conta). Não há problema... que o tio liga ao Rogério da Ericeira! Segundo evento: o tio Rogério precisa de um hotel em Lisboa para passar a noite com a família. Não há problema... que o Rogério do Hotel Central é um grande amigo. Por certo vai arranjar o melhor quarto a bom preço. Basta ligar. E por aí fora... É espantosa a quantidade de Rogérios que existem neste país. E fazem de tudo. Há um Rogério em todo o lado. E, melhor ainda, como veremos já no próximo capítulo, «um Rogério nunca deixa mal outro Rogério». Nem que tenha de se levantar da cama às três da manhã.

Nas acções de formação que os autores deste livro têm vindo a desenvolver sobre *networking*, têm tomado conhecimento de muitos e variados grupos de interesse. Desde pessoas que fazem caça submarina, a pessoas que praticam pára-quedismo, até ao Clube do Bacalhau. Sim, o *networking* também pode ser gastronómico. O Clube do Bacalhau junta pessoas que gostam de se reunir em torno de um bom prato do fiel amigo confeccionado de formas muito diversas. Assim, além de saborearem estes pratos de tradição portuguesa, constroem relações duradouras com outros semelhantes e retiram todas as vantagens dos laços fracos e dos laços fortes.

Todos temos interesses e gostos pessoais. É um mito que as pessoas mais interessantes e influentes estejam todas a jogar golfe. Para quem gosta de golfe, os parceiros da prática deste desporto podem ser grupos interessantes. Mas as pessoas poderosas (que até poderão não ser as mais importantes para os objectivos de muitos de nós) estão em todo o lado. São coleccionadores, dedicam-se à culinária, aos automóveis antigos, ao xadrez e a muitas outras actividades. Por isso o *networking* não tem de ser um sacrifício. Na verdade, pode e deve ser uma forma de rentabilizarmos as nossas redes enquanto nos divertimos e satisfazemos os nossos interesses pessoais (incluindo os gastronómicos, como sugerido pelo Clube do Bacalhau). Abordaremos já no próximo capítulo o motivo da força destes laços. Por agora, apenas encorajamos o leitor a fazer uma reflexão sobre os interesses pessoais e o que mais gosta de fazer quando não está a trabalhar ou com a família.

Conclusão

Ao longo deste capítulo, o leitor teve a oportunidade de reflectir sobre a forma como a natureza e intensidade das diferentes relações sociais influenciam as nossas redes de contacto e as pessoas a quem devemos pedir ajuda e com quem podemos contar para resolver determinados problemas. Eis uma súmula das principais recomendações para uma utilização mais eficaz dos diferentes tipos de ligação social nas nossas relações de *networking*:

- concentre-se nos factores que promovem o *estatuto social alcançado*, tais como a educação, o estatuto social das pessoas com quem interage e o prestígio dos círculos sociais em que se move;
- sempre que necessite de activar a sua rede de *networking* reflicta sobre o problema que tem de resolver. Se necessitar de uma informação com pouco valor social mas com elevado valor para si (por exemplo, encontrar um carpinteiro), opte por solicitá-la ao maior número de pessoas que conhece, incluindo aquelas com quem mantém uma relação fraca. Se necessitar do esforço e empenho de outros (por exemplo, pedir dinheiro emprestado), centre o seu esforço nas pessoas com que mantém uma ligação social forte;
- seja realista e compreenda a diferença entre as pessoas que conhece (o seu *capital social acedido*) e aquelas que o podem ajudar numa dada situação (o seu *capital social mobilizável*). Reflicta sobre o contexto necessário para que cada um dos seus contactos se transforme em capital social mobilizável quando deles necessitar;
- utilize a *norma da reciprocidade* para fazer os outros contraírem «empréstimos sociais» para consigo. Seja propenso a ajudar os outros, se possível antes mesmo de eles solicitarem a sua ajuda. Não se esqueça de que um pequeno esforço da sua parte

significa um forte sentimento de dívida por parte daqueles a quem ajuda;
- compreenda a diferença entre *relações comunais* e *relações de troca* e utilize-as de modo adequado em função dos seus objectivos. Exija aquilo a que tem direito imediato nas relações de troca, fortalecendo a sua posição negocial. Invista nas relações comunais para obter mais tarde, quando dela necessitar, a ajuda dos outros;
- invista o seu tempo e esforço em *grupos de acção recreativa e cívica* e outros *grupos de interesse*, tais como partidos políticos, associações de acção e intervenção cívica e colectividades desportivas e recreativas. Os seus camaradas são fundamentais para colocá-lo em contacto com círculos sociais diferentes (aumentando o capital social acedido) e para ajudá-lo na relação com as pessoas desses outros círculos sociais (aumentando o capital social mobilizável);
- analise e tome consciência dos seus principais interesses (*i.e.*, aquilo que gosta mesmo de fazer) e procure outras pessoas que partilham os mesmos interesses. Além de aproveitar o que de bom a vida tem, estará a investir no seu capital social.

Capítulo 4

Voando em bando:
O poder da semelhança

Iniciamos este capítulo pedindo ao leitor para observar a Figura 4.1 e responder: dos subconjuntos a, b e c, quais são para si os dois mais semelhantes[43]? Veja bem, pense um pouco e decida. Não há respostas certas ou erradas. É apenas a sua opinião. Prefere emparelhar «a» com «b» ou «a» com «c»? Pois bem, o leitor pode ter a sua preferência. Mas a investigação tem demonstrado que a decisão não é aleatória. Pelo contrário, a sua escolha depende de características pessoais.

Se a sua resposta foi que «a» emparelha com «b», isso quer dizer que habitualmente se centra nos aspectos mais holísticos e gerais (o triângulo que as três formas

---

[43] Retirado de Fredrickson & Branigan (2005). Para saber mais sobre este exercício, consultar também Cunha, Rego, Lopes & Ceitil (2007).

mais pequenas compõem, neste caso). Se, pelo contrário, a sua resposta foi de que «a» emparelha com «c», porque ambas as figuras são compostas por quadrados, isso significa que é uma pessoa analítica e que se centra mais nos pormenores.

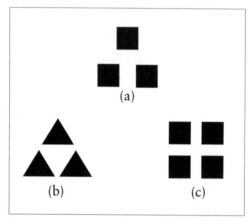

Figura 4.1 – Quais os dois subconjuntos, entre *a*, *b* e *c*, são mais semelhantes?

Vamos chamar-lhe personalidade tipo B se optou por emparelhar «a» com «b» e personalidade tipo C se optou por emparelhar «a» com «c». Obviamente, todas as pessoas que conhecemos podem ser categorizadas em tipo B ou tipo C. Pedimos agora ao leitor para que não esqueça qual o seu tipo de perfil.

Agora que já conhece o seu tipo de perfil, vamos lançar-lhe um desafio. Pedimos-lhe que atente nas matrizes da Figura 4.2 e que imagine que pode distribuir dinheiro por dois indivíduos, um com personalidade tipo B e outro com personalidade tipo C, mas de acordo com as regras das matrizes 1 e 2. Resolva primeiro a matriz 1 e depois a matriz 2. Por exemplo, se na primeira matriz decidir atribuir dez euros a alguém com uma personalidade tipo B, está a atribuir de imediato sete euros a alguém com uma personalidade tipo C. Se decidir atribuir dezoito euros a alguém com uma personalidade tipo B, está a atribuir vinte e três euros a alguém com uma personalidade tipo C. E assim por diante. O mesmo para a segunda matriz.

Agora que já compreendeu o jogo e tem estas duas «jogadas» para efectuar, qual é a relação de euros que vai atribuir a cada um dos elementos? Faça uma cruz por cima da sua opção em cada matriz, antes de avançar mais na leitura do livro.

Matriz 1

Indivíduo Tipo B	7	8	9	10	11	12	13	14	15	16	17	18	19
Indivíduo Tipo C	1	3	5	7	9	11	13	15	17	19	21	23	25

Matriz 2

Indivíduo Tipo C	7	8	9	10	11	12	13	14	15	16	17	18	19
Indivíduo Tipo B	1	3	5	7	9	11	13	15	17	19	21	23	25

Figura 4.2 – Matriz de distribuição de dinheiro

Já está? Então atente agora no que os investigadores encontram sistematicamente quando inquirem as pessoas sobre este tipo de problema. É possível que o leitor tenha escolhido a solução da igualdade de treze euros para cada um dos indivíduos. Afinal, porque deveria discriminar pessoas que nem sequer conhece e sobre as quais não tem qualquer outra informação? Mas se escolheu outra forma de distribuir o dinheiro, descanse. Apenas teve um comportamento normal, que mostra quão profunda é a nossa tendência para favorecermos os membros dos nossos grupos, mesmo quando não existe uma base claramente racional e quando esses grupos existem apenas de forma hipotética e conceptual, como é o caso.

O exercício anterior foi inspirado nos estudos do psicólogo social britânico de origem polaca Henry Tajfel[44], sobre o poder da identidade social e os processos psicológicos e sociais subjacentes à discriminação entre pessoas de diferentes grupos.

Num dos seus estudos clássicos, Tajfel realizou experiências com alunos entre os 14 e os 15 anos. A probabilidade de estes responderem de forma mais genuína e não enviesada é maior do que nos adultos. Para criar o sentimento de identidade, tal como fizemos em cima com o leitor, utilizando o tipo de personalidade holística *vs* analítica, Tajfel e os seus colaboradores mostraram aos alunos quadros dos pintores Paul Klee e Wassily Kandinsky, questionando-os sobre as suas preferências. Depois, aleatoriamente, disseram a uns que pertenciam ao «grupo Klee» e a outros ao «grupo Kandinsky». Em seguida, e tal como o leitor teve a oportunidade de experimentar, os alunos foram confrontados com a tarefa das matrizes, preenchendo matrizes semelhantes às da Tabela 4.2.

A estrutura destas tabelas é tal que permite distinguir pelo menos três tipos de estratégias. A primeira estraté-

---

[44] Tajfel (1982); Tajfel & Turner (1986).

gia é designada «estratégia do lucro conjunto» e que seria evidente caso se escolhessem as opções mais à direita. A segunda é a estratégia da «maior recompensa possível para alguém do nosso grupo», que também conduziria à resposta nas opções da direita. A terceira e última é a estratégia da «maximização da diferença», na qual o objectivo não é apenas o de recompensar o máximo possível alguém do nosso grupo, mas também evitar que alguém do outro grupo ganhe mais. No caso desta última estratégia, o objectivo não é que alguém do nosso grupo ganhe mais em termos *absolutos*, mas, acima de tudo, que ganhe mais em termos *relativos*, quando comparado com os ganhos dos membros do outro grupo.

Como mostraram os resultados dos estudos de Tajfel e colaboradores, a estratégia de maximização da diferença foi a estratégia seguida pela maioria dos alunos que participaram nas experiências. A interpretação desta escolha é fácil e factual: as pessoas preferem maximizar as diferenças nos ganhos, mesmo que isso implique uma perda para si mesmas ou para alguém do seu grupo.

As experiências pioneiras de Tajfel foram, nos últimos anos, objecto de muito interesse, tendo sido reproduzidas inúmeras vezes com ligeiras variantes. Mas o efeito é robusto e expõe um «viés pró-endogrupo», que nos leva a discriminar pessoas apenas porque pertencem a outros grupos que não o nosso. Como veremos adiante, este processo é influenciado pela forma como pensamos (*i.e.*, pelas nossas cognições). Na verdade, as escolhas que fazemos dependem da forma como «categorizamos» mentalmente as pessoas avaliadas. Por exemplo, algumas das pessoas com personalidade diferente da do leitor, no exemplo anterior, podem ser do mesmo sexo. Mas se isso não for saliente, ou seja, se não sobressair no momento da sua avaliação, essa pertença grupal não será considerada no momento de distribuir o dinheiro. Pelo contrário, as identidades grupais salientes num determinado momento são determinantes para o nosso comportamento.

Discutiremos mais à frente as implicações destas constatações para os comportamentos de *networking*. Para já, o mais importante é o reconhecimento de que é tão fácil activar identidades sociais comuns com os outros que o facto de se dizer «tu és azul e tu és vermelho» leva as pessoas a sentirem-se parte de um desses grupos. É um processo tão basilar do funcionamento cognitivo humano que, mesmo em condições mínimas, se torna activo. Por isso, as metodologias de investigação semelhantes às desenvolvidas por Tajfel são apelidadas de «paradigma do grupo mínimo».

Identidade social e homofilia

A razão pela qual iniciámos este capítulo com o tema da identidade social é simples: as identidades sociais são poderosos influenciadores das relações humanas em geral e determinantes das relações de *networking* em particular. A evidência mais notável desta influência está reflectida naquilo que os investigadores sociais designam por «homofilia»([45]), a tendência de nos associarmos a pessoas semelhantes a nós próprios.

Dito de outro modo, as relações sociais tendem a estabelecer-se mais entre pessoas semelhantes entre si,

---

([45]) Marsden (1988).

qualquer que seja a característica, do que seria previsto numa base aleatória. Por exemplo, o leitor pode achar que a sua mulher ou marido foi escolhido(a) de uma forma relativamente livre e não constrangida. Mas provavelmente nunca se teriam conhecido e apaixonado se não partilhassem um conjunto de semelhanças, como a raça, a região onde nasceram ou a escola que frequentaram. Pode até não ser o caso, mas as excepções fazem a regra. Pelo menos assim o diz o conhecimento científico existente.

Os estudos realizados ao longo das últimas décadas têm revelado que as nossas escolhas sociais são altamente influenciadas por estas semelhanças e pelas identidades sociais que formamos. Das características de similitude mais determinantes para explicar as nossas escolhas de interacção social constam atributos como a raça, a educação, a religião e o nível sócioeconómico[46].

A nossa tendência para favorecer indivíduos dos grupos sociais aos quais pertencemos é tal que pode mesmo ajudar a explicar porque é que obtivemos ou não determinado emprego. Estudos realizados recentemente mostram que a partilha de uma mesma raça enviesa as decisões de contratação e influencia até o nível de rendimento financeiro (*i.e.*, o salário) de entrada numa organização. Na verdade, partilhar a mesma raça com o decisor da contratação parece ser um bom preditor de um maior rendimento à entrada para um novo emprego[47] (e consequentemente para o resto da carreira). Isto explica, em parte, porque a discriminação racial continua a existir apesar dos progressos sociais nesta matéria e mes-

---

[46] Louch (2000).
[47] Seidel, Polze, & Stewart (2000). Ver também Ibarra (1995).

mo quando os actores não têm intenção de discriminar e quando não se apercebem de que esta discriminação pró-endogrupo acontece.

Este fenómeno é tão consistente e resiliente que explica, segundo Herminia Ibarra, professora de liderança e *networking*, a razão pela qual, apesar dos esforços para a igualdade de oportunidades entre géneros, as equipas de gestão de topo continuam a ser claramente dominadas pelo sexo masculino[48]. Segundo esta investigadora, a menor representatividade do sexo feminino e dos grupos minoritários nas equipas de gestão de topo deve-se precisamente a um viés endogrupal (não necessariamente consciente) por parte dos actuais membros dessas equipas, que tendem a seleccionar pessoas semelhantes nomeadamente no que se refere ao sexo.

Outra das variáveis críticas e determinantes da homofilia é o nível sócioeconómico. Mais uma vez pedimos ao leitor para analisar os seus contactos de amizade. Quem são os seus amigos? Muito provavelmente pertencem ao mesmo nível sócioeconómico. Trata-se, com efeito, de uma regra que governa a vida social. E que tem implicações relevantes para o *networking* e para a vida social, como veremos adiante.

A identidade social e a tendência para favorecermos as pessoas dos mesmos grupos sociais estão entre as principais explicações do fenómeno da homofilia. E, como se discutirá, com elevado prejuízo. Mas também com elevado benefício, caso consigamos gerir e rentabilizar as identidades de forma eficiente e estratégica. Seja como for, a tendência para as relações homofílicas resulta também

---

[48] Ibarra (1993).

do facto de nos sentirmos mais à vontade entre pessoas semelhantes e que partilham não apenas características físicas, mas também ideais e valores.

Homofilia de estatuto e homofilia de valores

A investigação tem mostrado que a tendência para estabelecer relações homofílicas não ocorre apenas em relação a características sócio-demográficas e directamente visíveis. As relações sociais governam-se também pela semelhança de valores e ideias. Isto significa que, além de nos tendermos a relacionar com pessoas fisicamente semelhantes (*e.g.*, mesmo sexo, mesma raça, etc.), também preferimos relacionamentos com pessoas que pensem como nós e que partilhem os mesmos valores.

Num artigo publicado na revista *Annual Review of Sociology*, os autores distinguiram dois tipos diferentes de homofilia: a «homofilia de estatuto» e a «homofilia de valores»[49]. A homofilia de estatuto refere-se à semelhança baseada em características formal ou informalmente atribuídas de estatuto social, enquanto a homofilia de valores diz respeito aos valores, atitudes e crenças sobre o mundo partilhadas entre as pessoas. Mais ainda, traços de personalidade semelhantes e até o nível de inteligência são também factores determinantes nas escolhas das pessoas com quem nos queremos relacionar.

Metaforicamente, Miller McPherson e os seus colegas socorreram-se para o título deste artigo científico de um conhecido ditado inglês segundo o qual «pássaros

---

[49] McPherson, Smith-Lovin, & Cook (2001).

com a mesma plumagem voam em conjunto» (*birds of a feather, flock together*), justamente para salientar a tendência de indivíduos semelhantes para preferirem estabelecer relações entre si.

Como o leitor estará porventura a pensar, esta tendência para nos relacionarmos com pessoas física, social e psicologicamente semelhantes (*like-minded*) tem fortes consequências para as relações sociais e para o *networking*. Como vimos no final do capítulo 3, a diversidade nos relacionamentos sociais traz vantagens para um *networking* eficaz. É certo que não há receitas quanto a estas matérias, mas a excessiva homogeneidade dos contactos pode deixar-nos fora de realidades e círculos sociais onde circulam informações e oportunidades às quais, fechados num grupo de semelhantes, não poderemos aceder. É esse o ponto de que nos ocuparemos na próxima secção.

Homofilia, heterofilia e diversidade

A heterofilia (*i.e.*, a diversidade de características nos relacionamentos) e a homofilia não são intrinsecamente boas ou más. Tudo depende dos objectivos e das opções. Importa por isso compreender as implicações dessas opções.

A ameaça das relações com semelhantes é a pobreza da informação e a incapacidade de activar recursos em círculos sociais aos quais não pertencemos. Tal como referido no capítulo 3, relativamente ao poder dos laços fracos no estabelecimento de ligações com círculos sociais diferentes dos nossos, também aqui se aplicam os mesmos benefícios relativamente às relações heterofílicas. Pense o leitor no «alcance de rede» que tem caso conheça uma pessoa de um nível socioeconómico diferente do seu (mais alto ou mais baixo). Pense em quanto as conversas, as preocupações, as prioridades ou outras impressões que trocará ao interagir com essa pessoa diferem daquelas que geralmente obtém de pessoas semelhantes a si (neste caso, do mesmo nível socioeconómico). Pense no tipo de pessoas que esse contacto lhe poderia referenciar e apresentar, e nos recursos sociais que poderia colocar ao seu dispor. Um carpinteiro, um canalizador, um administrador de empresa, o presidente da Câmara, um fotógrafo, um jornalista. Será que todos estes elos existem na sua rede? Até que ponto está o leitor «fechado» numa rede de pessoas demasiado parecidas consigo? Estará na hora de alargar essa rede a pessoas de diferentes níveis socioeconómicos e círculos sociais?

Outro exemplo. Pense desta vez em alguém pertencente a uma faixa etária muito diferente da sua (bastante mais novo ou bastante mais velho). Certamente que consegue imaginar as conversas, preocupações, prioridades, informações e demais recursos sociais que essa pessoa lhe poderia fornecer, e que ninguém pertencente à mesma faixa etária (alguém seu homofílico) lhe poderia proporcionar.

Estes são alguns dos benefícios de não se deixar levar pela tendência para estabelecer primordialmente relações homofílicas. Embora estas constituam o tipo de relações que tendemos a privilegiar, tanto por razões de ordem cognitiva e não intencional, como por razões de ordem emocional e deliberada, a verdade é que o esforço para evitar este funcionamento «normal» e procurar deliberadamente (mesmo que com algum incómodo causado pelo contacto com o novo e desconhecido) estabelecer relações com pessoas muito diferentes tende a ser compensatório em termos da eficácia de *networking*.

A activação das identidades salientes

Apesar dos benefícios das relações heterofílicas e das eventuais limitações das relações homofílicas, as relações com semelhantes e a activação de identidades comuns pode ser crucial para melhorar as redes de *networking* e para a obtenção daquilo que se procura ou necessita.

Na verdade, a investigação tem demonstrado que os processos que gerem a dinâmica das identidades sociais não são estáticos e que as identidades salientes num determinado momento podem ser «manipuladas» para apoiar os nossos esforços de *networking*. Tal realidade abre uma grande janela de oportunidade para rentabilizar a gestão das identidades como forma de promover o sentimento de pertença endogrupal e de obter dos alvos sociais os benefícios e comportamentos que desejamos.

Para melhor explicar o poder da activação das identidades sociais, considere-se uma investigação desenvolvida por um grupo de psicólogos sociais em 1990[50]. O trabalho teve por base uma técnica laboratorial conhecida por «associação implícita de traços», que consiste em apresentar aos participantes do estudo palavras e conceitos inicialmente não relacionados, mas que posteriormente, pela apresentação conjunta, passam a estar associados. Neste estudo, os participantes analisavam

---

[50] Perdue, Dovidio, Gurtman & Tyler (1990).

sequencialmente pares de sílabas sem significado (*e.g.*, hi, jol, tei) que eram associadas à palavra «Nós» ou «Eles». Quando, em seguida, os experimentadores pediam aos participantes para avaliarem quão positiva ou negativa era cada uma das sílabas sem significado (*i.e.*, atitude positiva ou negativa), as sílabas previamente associadas ao pronome «nós» tinham significativamente maior favorabilidade do que as associadas ao pronome «eles», evidenciando que a mera associação a uma identidade grupal comum gera uma atitude mais positiva para com os alvos sociais avaliados. Isto acontecia sem que os participantes se apercebessem de que estavam a ser influenciados pela associação implícita.

Sabine Otten e Gordon Moskowitz, num estudo publicado no *Journal of Experimental Social Psychology*[51], estenderam a metodologia desta investigação utilizando simultaneamente o paradigma do grupo mínimo, criado por Henry Tajfel e descrito no início deste capítulo (a propósito da investigação dos quadros *Klee* e *Kandinsky*). Estes investigadores começaram por activar uma identidade mínima nos participantes da experiência laboratorial e em seguida pediram-lhes que lessem frases que tinham implícitos determinados traços característicos do endo e do exogrupo. Essas frases reportavam-se a comportamentos supostamente realizados por indivíduos do endogrupo (homofilia) ou do exogrupo (heterofilia). Por fim, os participantes liam palavras isoladas que representavam traços identificativos do endo ou do exogrupo e que podiam ser, em termos de valência, congruentes ou incongruentes com as frases anteriormente apresentadas.

---

[51] Otten & Moskowitz (2000).

Os resultados foram elucidativos sobre o poder do endogrupo no processamento automático da informação social. Em concreto, os comportamentos que continham implícitos traços positivos relativos a indivíduos do endogrupo (semelhantes) foram mais facilmente categorizáveis com o respectivo traço de personalidade do que em todos os outros casos, tornando mais uma vez evidente que, uma vez activada uma identidade comum, toda a informação sobre o interlocutor passa a ser enviesada no sentido positivo. Atente-se ainda que, neste estudo, não existia nenhum grupo real, uma vez que o mesmo se baseou no paradigma do grupo mínimo. Como se dizer apenas «tu és azul» e «tu és verde» fosse o suficiente para que, inconsciente e automaticamente, o indivíduo formasse uma atitude e gerasse emoções mais positivas sobre o seu interlocutor.

A activação das identidades – nós *versus* eles – é pois um poderoso processo automático sobre o qual não temos capacidade de controlo inicial. Mas, ao tornar salientes as *identidades comuns* entre nós e os nossos interlocutores, conseguimos activar os efeitos positivos de uma associação endogrupal, incluindo uma avaliação mais positiva por parte desses interlocutores e, consequentemente, maior aproximação social.

Felizmente, é possível encontrar identidades grupais semelhantes com qualquer outra pessoa, seja referindo-se à homofilia de estatuto e sociodemográfica, seja à homofilia de valores. Há semelhanças identitárias entre todos os seres humanos (tal como há sempre diferenças). Um homem e uma mulher pertencem, em termos sexuais, a grupos distintos. Mas podem partilhar a mesma nacionalidade, a mesma formação académica, um mesmo interesse social (*e.g.*, xadrez), etc. O desafio é pois encontrar as semelhanças que certamente existem e rentabilizá-las como capital social. O que interessa é a identidade tornada *saliente*, ou seja, que irá torná-lo distinto para o seu interlocutor e na qual ele baseará a sua categorização como «amigo» do endogrupo ou como «adversário» do exogrupo. E nisso, os *networkers* eficazes são exímios a trabalhar.

Nas relações de *networking* há vários modos de tornar as identidades comuns mais salientes. Uma das formas consiste em não perder uma oportunidade quando os outros dão informação sobre as suas pertenças grupais. Na verdade, o *self* individual é composto pelas nossas múltiplas identidades. A «identidade individual» não existe num vazio. A identidade é um produto das nossas interacções e identidades sociais. Uma prova rápida: *pense o leitor (ou pergunte a quem estiver ao seu lado) na melhor forma de o descrever como pessoa*. Como se descreve a si mesmo?

Este é um exercício que os autores deste livro têm usado inúmeras vezes nas suas acções de formação de executivos. Invariavelmente, as respostas são do tipo: «Sou engenheiro, pai de dois filhos, trabalho na empresa 'x'. Gosto de trabalhar em equipa...». Agora imagine que está a interagir com uma pessoa que lhe apresenta uma descrição destas. Já notou as oportunidades que tem para salientar identidades comuns? As perguntas seguintes são previsíveis: «E em que instituição é que tirou a sua licenciatura?», ou «Trabalha na empresa X? Então deve conhecer o meu amigo Manel, que também lá trabalha» (não se esqueça de como o mundo é pequeno e que há sempre alguém conhecido entre si e o seu interlocutor).

Na verdade, a probabilidade de existirem conhecidos comuns entre si e um qualquer seu interlocutor é tão grande que os autores deste livro arriscam, nas suas acções de formação, desafiar os participantes a interagirem e a procurarem contactos comuns que desconheciam até à data. A taxa de sucesso deste exercício é de 100% (mesmo que às vezes necessite de um tempo extra durante a hora de almoço). Trata-se de «trabalhar a rede» e de fazer as perguntas certas, que obviamente envolvem questões relativas às identidades grupais, fruto da forma categorial como memorizamos a informação social.

Esta é, aliás, parte de outra estratégia eficaz para rentabilizar as identidades sociais nas relações de *networking*: utilizar perguntas de identificação de identidades grupais em conversas de exploração inicial ou de quebra-gelo (*ice-breaking*). Quando se interage com alguém que não se conhece, a procura de identidades e amigos comuns é uma ferramenta poderosa para activar atitudes e comportamentos positivos do viés pró-endogrupo. Assim, em vez de ficar calado ou dizer algo irrelevante, está a estabelecer uma relação social da forma mais produtiva para o seu capital social. Questões como «De onde é natural?» (identidade regional e geográfica), «Também está aqui para...?» (identidade comportamental ou procedimental), «E o que faz?» (identidade profissional), são exemplos simples mas eficazes de iniciação de uma interacção tornando desde logo salientes as identidades comuns ou abrindo uma conversa «estratégica» para as activar em seguida.

Conclusão

Ao longo deste capítulo explorámos algum conhecimento científico sobre o poder da semelhança na determinação das estruturas sociais e das relações de *networking*. Centrámo-nos especificamente nas implicações e desafios que o enviesamento favorável ao endogrupo apresenta para um *networking* eficaz. Antes de avançarmos para o domínio das redes invisíveis e das redes criminosas, com as quais procuraremos aprender no próximo capítulo, deixamos aqui algumas recomendações para a melhoria do capital social, tendo em conta as implicações acima referidas:

- não se deixe enclausurar em grupos sociais muito fechados e homofílicos. Aproveite os benefícios e o conforto de partilhar identidades com os seus congéneres, mas corra o risco de interagir com pessoas de grupos sociais diferentes daqueles a que tendencialmente acederá. Já sabe que a relação com pessoas diferentes de si e dos seus semelhantes lhe permite incrementar a variedade quantitativa e qualitativa do seu capital social;
- esteja atento às situações em que poderá estar a ser categorizado pelos seus interlocutores como alguém pertencente ao «outro grupo» e procure actuar para criar a percepção de uma identidade comum;
- aprenda e aperfeiçoe as melhores formas de questionar os outros para obter informação útil para os categorizar socialmente. Depois, saiba tirar partido dessa identificação, salientando o que há de semelhante entre si e o seu interlocutor;

- lembre-se que há inevitavelmente semelhanças identitárias entre si e qualquer pessoa no mundo. É uma questão de abstracção. No limite, somos todos seres humanos e, por conseguinte, pertencemos todos ao mesmo grupo social. Tire proveito da homofilia de valores (*e.g.*, afinidades políticas), principalmente quando as semelhanças sociodemográficas são inexistentes ou reduzidas;
- rentabilize as conversas de «quebra-gelo» procurando activamente informação grupal sobre o seu interlocutor. Aproveite essa informação para encontrar outras pessoas que ambos partilham na rede, e que servirá para criar uma percepção de ainda maior «proximidade social».

Capítulo 5

Máfia, Al-Qaeda e outras organizações ilegais: a gestão de redes invisíveis

Um livro sobre redes sociais e *networking* não poderia estar completo sem um capítulo dedicado às redes sociais ilegais. Primeiro, porque parte da realidade social e económica funciona com base na existência de redes e organizações não legitimadas pela sociedade em geral. Segundo, porque os estudos sobre redes sociais ilegais (e as criminosas e terroristas, em particular) nos informam sobre as características e formas de funcionamento das redes sociais em geral – legais e ilegais – de um modo que não descobriríamos se estudássemos apenas organizações legais e legítimas, como veremos adiante. Terceiro, o conhecimento das especificidades de funcionamento das redes ilegais pode ajudar as autoridades a definirem políticas e estratégias de combate às redes ilegais, contribuindo para um mundo mais seguro.

Nas próximas páginas, iremos estudar as características fundamentais das redes sociais ilegais, e as suas vantagens e desvantagens em diferentes contextos. Fazemos desde já notar que nos tentaremos abster de comentários de teor moral e ético (dentro das limitações humanas a que estamos sujeitos). Procuraremos ser descritivos e explicativos, tentando não comentar a informação exposta à luz de qualquer modelo de valores.

Mercados, hierarquias e redes

No Outono de 1999, foi desmontada uma rede de lavagem de dinheiro que terá desviado entre 7 a 15 mil milhões de dólares da Rússia para os Estados Unidos, passando pelo então prestigiado Bank of New York (BNY[52]). As suspeitas levaram à suspensão imediata de alguns responsáveis do banco (entre eles Konstantin Kagalosky, responsável pelo Centro Internacional de Investigação e Transformação Económica, em Moscovo, e parte do «círculo íntimo» do então vice-presidente Al Gore), mas as investigações mostraram que se tratava de uma rede internacional de grandes dimensões, ligada a outros escândalos recentes, incluindo um caso de construção civil de uma empresa (Mabetex) com o governo do Kremlin, bem como a outros escândalos na Rússia, Suíça e Itália. Ao longo dos quinze meses de investigações que se seguiram, as autoridades norte-americanas confrontaram-se com grandes dificuldades, incluindo a ausência de cooperação das autoridades russas, que tornaram impossível

---

[52] Williams (2001).

o apuramento de algumas provas essenciais. Apesar dos fortes indícios do potencial ilícito do dinheiro que provinha da Rússia, os responsáveis pelo BNY ignoraram-nos, em grande medida porque estavam envolvidas instituições «idóneas» da Rússia, que não participariam numa rede criminosa de lavagem de dinheiro.

Mas as investigações continuaram e conduziram a dois colaboradores centrais do BNY nesta rede criminosa – Lucy Edwards (também conhecida em alguns círculos por Ludmilla Pritzka) e Peter Berlin. De acordo com o apurado pelas autoridades, Edwards foi abordada pelos russos em Moscovo no tempo em que trabalhou na divisão da Europa de Leste do BNY. Os russos controlavam um banco e ofereceram a Edwards e ao seu colega Berlin chorudas quantias de dinheiro para servirem de ponte para a passagem do dinheiro para os Estados Unidos.

O esquema funcionava do seguinte modo: Peter Berlin criou uma empresa fictícia (Benex) e abriu várias contas nos Estados Unidos, enquanto Lucy Edwards instalava na sua agência bancária em Queens um *software* interno que permitia a Berlin transferir de forma «limpa» o dinheiro que provinha dos russos para contas espalhadas por todo o mundo. Com meia dúzia de intervenientes e alguma sofisticação de engenharia financeira, montaram um esquema que permitiu «injectar» no Ocidente milhares de milhões de dólares provenientes da Rússia.

O escândalo do BNY é apenas um entre inúmeros casos desmontados pelas autoridades nas últimas décadas, que revelam que a criminalidade organizada, ao contrário do que durante muito tempo se pensou (e que algumas autoridades ainda hoje pensam), se encontra estruturada de forma não hierárquica e não burocrática. É verdade que, pela natureza secreta das redes criminosas, nem sempre é possível compreender a sua estrutura real. Malcolm Sparrow, de Harvard, analisou vários estudos sobre redes sociais criminosas e identificou três grandes problemas na análise destas redes[53]. Primeiro, a informação sobre elas é geralmente muito *incompleta*. Segundo, é muitas vezes difícil decidir quem incluir e quem não incluir em determinados grupos e redes, ou seja, as suas fronteiras são ténues. Terceiro, estas redes são dinâmicas e estão em constante mudança, pelo que a «radiografia» de uma rede num determinado momento pode ser um mau guia para o momento imediatamente seguinte. Seja como for, parece cada vez mais claro que as redes criminosas e terroristas se estão a afastar dos modelos hierárquicos tradicionais, nos quais muitos dos grupos criminosos mais célebres basearam a sua organização.

Uma das evidências mais marcantes vem do que sabemos sobre a organização da Al Qaeda, particularmente dos ataques do 11 de Setembro de 2001. No rescaldo dos atentados às Torres Gémeas, o investigador e especialista em análise de redes sociais Valdis Krebs[54] começou a mapear as relações entre os indivíduos que tinham concretizado os ataques terroristas. O mapeamento da *rede* terrorista directamente implicada na execução do atentado e da rede que proporcionou o apoio logístico aos terroristas mostrou que a célula responsável era tudo menos parecida com as estruturas organizacionais que conhecemos no nosso dia-a-dia. Quando comparada com os

---

[53] Sparrow (1991).

[54] Krebs (2002). Para saber mais, consultar também o *website* do autor em www.orgnet.com

modelos de estrutura organizacional hierarquizada que se encontram na generalidade das organizações formais, a organização da Al Qaeda não revela grandes semelhanças com essas estruturas. Pelo contrário, ela apresenta uma estrutura em rede, com características que a tornam eficaz, mesmo perante um contexto de grande adversidade e necessidade de secretismo.

Uma das descobertas de Valdis Krebs ao analisar a rede dos ataques de 11 de Setembro foi a de que os terroristas que pilotaram os diferentes aviões não se cruzaram nos Estados Unidos. A comunicação fez-se utilizando outros indivíduos que não seguiram nos aviões e que estabeleciam uma espécie de atalhos de ligação entre os terroristas. Mantendo os contactos ao mínimo e nunca interagindo mais do que uma vez com cada interlocutor, torna-se impossível distinguir estas relações de meros encontros casuais. Por exemplo, enquanto dois terroristas se encontram uma só vez na fila para comprar os bilhetes de avião, outros dois falam-se apenas na escola de pilotagem. Foi toda esta *rede periférica* que permitiu que a informação e outros recursos circulassem pela rede sem que fosse possível detectá-los. Numa organização com uma estrutura hierárquica, isso não teria sido possível, uma vez que os mecanismos e o sentido de reporte são rígidos e estão previamente definidos. Mas numa rede flexível como a da Al Qaeda, o efeito foi realmente conseguido.

Contudo, uma questão se coloca. Se os indivíduos mal interagiram uns com os outros em solo americano, como puderam confiar uns nos outros? Como sabiam que o seu interlocutor não era na verdade um «infiltrado» da polícia ou um desertor que estava ali para entregá-lo às autoridades? Krebs socorre-se do conceito de «redes de confiança» para explicar o elevado grau de confiança formado entre pessoas que estabelecem laços fortes através de vivências e aprendizagens conjuntas no passado. Os membros destas «redes encobertas» tendem a formar poucos laços fora da sua rede e a minimizar a activação dos contactos dentro dela. Muitos desses laços são fortes e foram formados anos antes, na escola ou em campos de treino, o que permite manter elevados níveis de confiança, mesmo quando as redes não se encontram explicitamente activas. Das suas análises, Krebs conclui que terá sido esse o mecanismo utilizado pelos terroristas que perpetraram o 11 de Setembro.

Neste ponto há algo que aprendemos com as redes sociais terroristas. No capítulo 1 vimos que, dadas as limitações temporais e cognitivas dos seres humanos, não podemos gerir num dado momento uma rede social muito alargada de contactos. Para alguém «entrar» como contacto directo – *i.e.*, de primeiro grau – na nossa rede social, alguém terá de passar para o «lado de fora», uma vez que não conseguimos relacionar-nos de forma eficiente com muitas pessoas (cerca de 150, como discutimos). Contudo, a distinção entre «redes activas» e «redes latentes» permite equacionar esta problemática num outro ângulo. A *rede activa* refere-se aos contactos sociais directos com pessoas com as quais se mantém contacto regular em termos de frequência. A *rede latente* refere-se aos contactos sociais directos com pessoas que se conheceu no passado, mas com as quais se deixou de manter contacto frequente. Caem geralmente nesta última categoria os amigos de infância e os nossos colegas de escola do passado ou de organizações às quais tenhamos deixado de pertencer. Com isto não queremos dizer que estas pessoas deixaram de ser confiáveis e próximas, apenas que deixaram de fazer parte do nosso círculo social actual. Elas não são desconhecidas, mas são pessoas com as quais deixámos de comunicar com frequência.

Assim, embora o nosso «reservatório de contactos» seja limitado num dado momento da vida, a verdade é que alguns contactos podem ficar «dormentes», mas são potencialmente activáveis caso sejam necessários. E neste ponto, ao contrário do que temos afirmado até ao momento, a tecnologia electrónica pode ajudar. Ferramentas de *software* social como o LinkedIn, o Hi5 ou o Facebook ajudam a manter contacto com um amplo número de pessoas, com um custo mínimo em termos de tempo e disponibilidade mental. Dito de outro modo, estes *softwares* sociais permitem-nos manter uma rede latente muito alargada com pessoas que não só não são desconhecidas, como são muitas vezes também amigos de redes passadas com quem mantivemos laços fortes (tal como os terroristas do 11 de Setembro, salvaguardadas as devidas proporções). Por isso, invista tempo na manutenção de um contacto mínimo com as suas antigas redes e grupos sociais. Talvez um almoço anual com os seus ex-colegas da escola secundária, ou um dia de fim-de-semana com ex-colegas da universidade, ou até mesmo um jantar semestral com os seus ex-companheiros de uma acção de formação que frequentou. Tudo isto pode ser utilizado para incrementar o seu capital social.

Mas voltemos às características estruturais das organizações ilegais e ao que com elas podemos aprender. Num artigo célebre, publicado na revista *Connections* pelo investigador Peter Klerks, membro da Academia

Nacional de Polícia Holandesa([55]), a visão hierárquica tradicional das organizações criminosas é sintetizada da seguinte forma: «Os crimes sérios resultam de uma elaborada conspiração nacional operando através de estruturas etnicamente monolíticas e do tipo piramidal, assente em estruturas hierárquicas rigorosas guiadas por um 'padrinho' ou 'comandante' que, de certo modo, se assemelha a uma organização militar» (pág. 54). Segundo Klerks, esta visão das organizações criminosas resulta de uma representação saliente das organizações criminosas italianas, principalmente da Máfia siciliana, que pode ter sido uma descrição fiel do funcionamento deste tipo de organização no passado, mas que se mostra simplista e insuficiente para explicar a generalidade das actividades criminosas da actualidade.

A Máfia foi realmente, durante décadas, uma organização paradigmática deste modelo. Com uma estrutura assente nos laços familiares, a Máfia conta ainda hoje com dezenas de famílias espalhadas por todo o mundo. A sua estrutura organizacional é simples e piramidal, com níveis hierárquicos bem estabelecidos e diferenciados([56]). No topo da pirâmide de cada uma destas famílias está o padrinho ou *Don*. É ele que pode autorizar homicídios e que gere a circulação de dinheiro e a sua distribuição pelos membros do grupo. Logo abaixo está o *sotto capo*, que gere as operações e a implementação das acções, assumindo as funções do «padrinho» na eventual ausência deste. Depois vêm as estruturas operacionais, cada uma coordenada por um *capo* (capitão), que comanda

---

([55]) Klerks (2001).
([56]) Rego *et al.* (2003).

um grupo de operacionais. Há ainda o *consiglieri,* cuja função é a de trabalhar em conjunto com o padrinho no sentido de resolver os problemas e conflitos internos da família. Além destes elementos «formais», existe depois um conjunto alargado de *associados* que, estando «formalmente» fora da família mafiosa, contribuem para os seus objectivos. Contam-se entre estes *associados* funcionários de várias autoridades, polícias e até políticos corruptos, que têm permitido a esta organização sobreviver ao longo de décadas.

O problema desta visão hierárquica das organizações criminosas, que ainda subjaz ao pensamento de muitos agentes da autoridade que as investigam, é o facto de as acções consequentes – discutidas mais à frente neste capítulo – não estarem conformes com a realidade organizativa de muitas actividades criminosas e terroristas dos nossos dias. Como tal, as acções de combate ao crime, têm muitas vezes uma eficácia reduzida.

Estes modelos mentais das autoridades policiais, conjugados com as características fundamentais das organizações em rede, tornam as organizações ilegais actuais muito difíceis de desmantelar. A força e a resistência destas redes criminosas e terroristas têm sido comummente designadas por «resiliência». Uma rede ou organização resiliente é aquela que evidencia capacidade para absorver e conter perturbações, bem como a capacidade para, se necessário, se adaptar às mudanças resultantes dessas perturbações. A compreensão das fontes que tornam estas organizações tão resilientes é determinante para a definição de estratégias eficazes de combate à criminalidade organizada (bem como para o combate a qualquer rede adversária, mesmo que legal).

Num recente artigo sobre grupos de gangues institucionalizados, a investigadora Julie Ayling, do Conselho Australiano de Investigação para a Excelência no Policiamento e Segurança, dissertou sobre as principais fontes de resiliência deste tipo de organização criminosa[57]. Para Ayling, estas fontes de resiliência podem ser divididas em dois tipos: fontes ambientais e fontes relacionadas com as próprias características dos *gangs*.

Uma das fontes ambientais da resiliência dos *gangs* é o que Ayling chama «hábitos densos de criminalidade». Determinados contextos sociais criam as condições ideais para que os indivíduos encontrem frequentemente oportunidades para praticar crimes. Em termos científicos, tal como referimos no capítulo 1, o conceito de «densidade de rede» indica o grau em que as relações entre os membros estão completas em relação ao potencial total de relacionamentos entre esses elementos. Dito de outra forma, uma rede tem densidade total quando todos os elementos de uma rede interagem entre si. Tem densidade baixa quando existem poucas relações entre os seus elementos, sendo que nesse caso as oportunidades de intermediação e centralidade são mais elevadas. O que Julie Ayling constatou foi que estes gangues vivem em ambientes criminais extremamente densos e, como tal, mesmo que um indivíduo procure sair da vida criminosa, isso torna-se quase impossível. Este factor torna, obviamente, os bandos de criminosos resilientes e dificilmente erradicáveis.

Outro factor ambiental é o «apoio da comunidade». Vivendo muitas vezes em guetos, estes criminosos são vistos pelos vizinhos e comunidades locais como vítimas

---

[57] Ayling (2009).

de um sistema social injusto. É certo que muitos desses vizinhos evitam cooperar com as autoridades policiais por medo de retaliação, mas muitos vêem estas redes de criminalidade como uma forma de protecção, muitas vezes até mais eficaz do que as próprias forças policiais. Um caso extremo é o das ligações fortes destes gangues com a comunidade, as quais podem envolver relações directas de parentesco. Tudo isto torna o combate e a eliminação ou enfraquecimento destas redes difícil.

Mas as principais razões da resiliência dos gangues de criminosos estarão, porventura, na forma como se estruturam para actuar em rede. A forma «semi-estruturada» como se encontram organizados, unidos essencialmente por uma visão partilhada, dá a todos os elementos um poder discricionário baseado num *empowerment* para agir, que tornam quase indeterminável quem vai fazer o quê, quando e como. Calvert Jones, da Universidade de Cambridge[58], afirma que esta é também uma das principais «armas» da Al Qaeda. Jones cita as palavras de Osama Bin Laden quando este refere que «não há células adormecidas; todos os elementos da Al Qaeda são auto-activáveis. Quem encontrar uma oportunidade para atacar, deve ir em frente. A decisão é sua.»

Na análise de Calvert Jones, a rede da Al Qaeda nem sempre teve esta filosofia e estrutura. Até aos ataques terroristas do 11 de Setembro e durante toda a década de 90 do século passado, esta organização terrorista manteve uma estrutura relativamente hierarquizada, baseada num «conselho consultivo» com sede no Afeganistão. Foi apenas depois da «guerra aberta» com os Estados Unidos e

---

[58] Jones (2006).

da destruição do seu quartel-general no Afeganistão, que a organização teve de alterar a sua estrutura, adoptando uma estrutura mínima[59]. Esta nova realidade organizacional passou a enfatizar a capacidade empreendedora dos terroristas e a capacidade de improvisação para resolver problemas concretos com que se defrontam no contexto de grande adversidade em que se movem. Se por um lado esta maior fragmentação da rede impõe desafios à coordenação e à transmissão das aprendizagens e dos valores culturais da organização, ela traduz-se numa grande resiliência e na dificuldade de eliminar a organização.

Outras características estruturais contribuem igualmente para a resiliência das redes criminosas. Entre elas conta-se a *redundância* dos laços. A redundância numa rede refere-se à «equivalência estrutural» dos actores e à facilidade com que cada um pode ser substituído no caso de ser eliminado. Por exemplo, numa rede de narcotráfico, o líder de uma «quadrilha» pode ser difícil de substituir (baixa equivalência estrutural), enquanto um distribuidor operacional pode facilmente ser substituído por outro equivalente (alta equivalência estrutural). Uma rede repleta de posições redundantes terá menos dificuldades em adaptar-se à eventual remoção dos seus actores pelas autoridades policiais, sendo por isso mais resistente a tentativas de desestabilização. Neste sentido, é fácil compreender por que razão uma rede social com maior densidade de relações é mais resiliente. Caso um elemento da rede seja eliminado, a rede poderá rapidamente reorganizar-se sem a colaboração desse elemento e prosseguir sem grande problema os seus objectivos.

---

[59] Cunha & Cunha (2006).

Uma rede mais densa também tem desvantagens. Uma elevada densidade de rede implica que cada membro da rede social conheça muitos outros e tenha acesso a muita informação. Caso um membro dessa rede decida ou seja coagido a desertar e caso dê «com a língua nos dentes» a outros grupos ou às autoridades, tal acção pode trazer grandes prejuízos à rede e eventualmente comprometer a sua continuidade. Não obstante, e como veremos na próxima secção, as redes organizadas têm-se mostrado capazes de encontrar formas de manobrar estas desvantagens e de ultrapassar as forças antagónicas entre a eficiência e a segurança.

Por agora, resta reforçar que as concepções sobre a forma como as organizações terroristas e criminosas se estruturam são determinantes para a eficácia ao seu combate. Um especialista em análise de redes criminosas dá o exemplo dos pressupostos subjacentes à actuação das autoridades dos Estados Unidos, no que se refere às redes de terroristas, por contraste com os pressupostos que conhecemos das teorias de redes sociais. Como se pode ver na Figura 5.1, e ao contrário do que normalmente se pensa, as redes de terroristas são multifuncionais, podendo servir para transaccionar diferentes tipos de recursos e bens materiais e não-materiais. Têm envolvidas pessoas que partilham um passado comum, funcionam numa base flexível e empreendedora, muitas vezes por improvisação ao nível operacional. As suas linhas de fronteira nem sempre respeitam as categorias políticas, raciais ou outras. Podem misturar-se com redes criminosas já existentes ao nível local.

Pressupostos da Administração dos EUA	Pressupostos da teoria de redes
1. As redes são sistemas de informação.	1. As redes são sistemas de comunicação multifuncionais.
2. As ligações nas redes são compostas por relações únicas e «a-históricas».	2. As ligações nas redes são compostas por relações de multiplexidade, historicamente construídas e a operar em múltiplos níveis.
3. As redes são hierarquicamente organizadas, com estruturas de comando e controlo descendentes (*top-down*).	3. As redes são estruturas flexíveis temporariamente dinâmicas, emergentes e adaptativas.
4. A identificação das fronteiras das redes é uma ferramenta política.	4. A especificação das fronteiras das redes é uma ferramenta analítica.
5. As redes estão globalizadas e são homófilas.	5. As redes podem ser locais, «glocais» ou globais e são heterogéneas.

Figura 5.1 – Pressupostos da Administração norte-americana e da teoria de redes no combate ao terrorismo([60])

Uma evidência clara desta «glocalidade» (*i.e.*, um carácter ao mesmo tempo «local» e «global») das redes terroristas é a forma como a Al Qaeda tem utilizado grupos terroristas locais um pouco por todo o mundo (particularmente no Médio Oriente) para prosseguir os seus objectivos, principalmente desde que foi obrigada a abandonar a sua base operacional no Afeganistão. Por exemplo, a Al-Qaeda actua localmente em parceria com grupos como

---

([60]) Stohl (2008).

a Jemaah Islamiyah na Indonésia, e o grupo Abu Sayyaf e militantes do Hezbollah no Líbano[61]. Mesmo quando esses grupos não partilham uma visão totalmente comum com a da Al Qaeda, podem adoptar uma perspectiva pragmática de cooperação que lhes permite incrementar a sua rede e obter acesso a recursos (e «prestígio» entre os seus apoiantes) que de outro modo não disporiam.

Segurança e secretismo *vs* eficiência e coordenação

Mais do que uma substituição das hierarquias criminosas do tipo Máfia pelas organizações em rede do tipo Al Qaeda, alguns investigadores têm defendido ser fundamental distinguir redes *criminosas*, que se dedicam exclusivamente a negócios ilícitos, e redes *terroristas* com motivações político-ideológicas. Michael Stohl[62], da Universidade da Califórnia, em Santa Bárbara, afirma que a distinção entre terrorismo e criminalidade é fundamental para a compreensão da estrutura destas redes de funcionamento ilegal. Para Stohl, a chave da diferença encontra-se nas motivações de base para o comportamento destes indivíduos. Enquanto os actos terroristas são definidos por aqueles que procuram uma mudança política em nome de uma determinada causa, os criminosos procuram essencialmente o ganho económico.

Ainda segundo aquele autor, esta dissemelhança na razão fundamental da existência das redes faz toda a diferença, tanto na forma como estas se estruturam como

---

[61] Jones (2006).
[62] Stohl (2008).

no combate que deve ser feito aos diferentes tipos de redes. Uma das diferenças mais claras é a de que os terroristas querem obter uma cobertura mediática dos seus actos violentos, a qual privilegiam como forma de «comunicar» com os seus apoiantes e adversários, incluindo as autoridades. As redes criminosas, pelo contrário, preferem passar despercebidas aos olhos do público, de forma a não instigarem uma reacção das autoridades.

Os investigadores Carlo Morselli([63]) e os seus colegas Cynthia Giguere e Katia Petit, da Universidade de Montreal, concordam com a análise de Stohl e vão mais longe. Para eles, o que está em jogo em qualquer rede ilegal é a contrapartida entre eficiência da rede e a segurança dos seus membros (o *trade-off* eficiência/segurança). Estas redes têm que ser eficientes na prossecução dos seus objectivos. Mas, por vezes, a máxima eficiência pode tornar a rede demasiado vulnerável às autoridades ou a redes concorrentes. Um exemplo simples: é mais eficiente traficar grandes quantidades de substâncias ilícitas de um país para outro, mas o risco/insegurança é maior. A lógica é a de que criminosos e terroristas procuram ambos equilibrar este *trade-off*, mas fazem-no de formas diferentes. Para Morselli e os seus colaboradores, estas diferenças devem-se à frequência de acções necessárias em termos operacionais. Estes investigadores criaram o termo *time-to-task* para se referirem à inter-relação entre tempo e tarefa. Porque o objectivo primordial das redes criminosas é o negócio lucrativo, o seu *time-to-task* é muito mais curto do que o das redes terroristas, que podem esperar pacientemente durante longos períodos

---

[63] Morselli, Giguere, & Petit (2007).

antes de agir. Assim, para os terroristas, a segurança sobrepõe-se à eficiência e à coordenação, uma vez que a pressão do tempo não é muito relevante. O mais importante é a espectacularidade dos efeitos produzidos e não a rentabilidade financeira da operação.

Também é geralmente verdade que as redes criminosas, uma vez que visam o lucro, conseguem mais facilmente captar membros externos que permanecem apenas na periferia da rede e, com isto, formam uma estrutura de actuação mais duradoura e rígida. Deste modo, e uma vez que muitos desses «alternados» ou facilitadores (*vide* Figura 5.2) são políticos, polícias e membros corruptos de outras autoridades judiciais que dão cobertura legal a estas actividades, ajudam a manter o grupo na sombra. O «combustível» que faz funcionar a rede de forma regular é constantemente injectado. As redes terroristas, pelo contrário, encontram grandes dificuldades na selecção de membros de confiança. Sendo a sua «gasolina» ideológica e não financeira, torna-se fundamental certificar que os novos membros são efectivamente de confiança. Por isso, a escolha dos elementos da rede é feita de forma homófila e entre semelhantes e conhecidos de confiança, o que torna todo o processo de planeamento das ofensivas moroso e detalhadamente planeado.

No seu artigo de 2007 atrás citado, Morselli estudou empiricamente as diferenças entre uma rede criminosa[64]

---

[64] A rede criminosa em análise foi a «rede caviar», uma rede criminosa comercial investigada pela polícia de Montreal, com recurso a métodos de observação electrónica. Depois do seu desmantelamento, concluiu-se que a rede tinha cerca de 110 elementos, entre os quais se contavam 82 traficantes de haxixe e cocaína.

e a rede da Al Qaeda responsável pelos atentados do 11 de Setembro. Uma das principais conclusões foi a diferença na dimensão da rede, que era muito maior no caso dos criminosos do que no dos terroristas. Os investigadores distinguiram entre a *rede de acção*([65]) e a *rede complementar*. Enquanto as redes de acção eram aproximadamente semelhantes em dimensão, a rede complementar era maior na organização criminosa do que na terrorista (principalmente no que se referia a elementos não traficantes), tornando evidente a primazia da segurança nas redes terroristas, bem como a sua necessidade de se isolar de elementos externos([66]). A rede de narcotráfico, pelo contrário, era mais alargada e estruturada em pequenos grupos operacionais, o que funcionava como «escudo» a quem pretendesse chegar ao núcleo central da rede.

Estas diferenças são também apoiadas pela análise de Bonnie Erickson([67]) que estudou o funcionamento de várias «sociedades secretas», tais como a rede clandestina de Auschwitz durante a II Guerra Mundial, a família mafiosa de Nova Iorque conhecida como «Cosa Nostra» e um grupo da resistência norueguesa também na II Guerra Mundial. Dos seus estudos sobre estas redes, Erickson

---

([65]) A «rede de acção» é a nuclear, ao passo que a «rede complementar» refere-se aos elementos periféricos que contribuem apenas com recursos muito específicos por cada um dos indivíduos.

([66]) A necessidade de segurança é tão central em redes terroristas que, ao contrário do que por vezes se afirma, há muito que a Al Qaeda se afastou das redes de tráfico de drogas que existiam no Afeganistão e que poderiam expor a organização a possíveis detenções e interrogatórios por parte das autoridades americanas.

([67]) Erickson (1981).

concluiu que, quando estas redes secretas são obrigadas a escolher entre a eficiência e a segurança, optam geralmente por esta última. Tal facto explica por que razão tanto em redes secretas como nas redes terroristas o recrutamento dos membros se efectua apenas quando duas pessoas confiam uma na outra, confiança essa que deriva principalmente da existência de laços razoavelmente fortes formados no passado.

Não pense contudo o leitor que a tipificação de uma rede como *totalmente* secreta *vs parcialmente* secreta (*i.e.*, Máfia), ou como criminosa *vs* terrorista, é sempre clara e directa. Pelo contrário, as redes assumem muitas vezes uma multiplicidade de formas e interligações que as tornam difíceis de categorizar. Em outras situações, as redes podem assumir formas ainda mais peculiares, como é o caso das chamadas redes de crimes de «colarinho branco», que agem de forma mais secreta e dissimulada do que outras redes criminosas (e portanto, de forma descentralizada, tipo rede terrorista), embora os seus fins sejam meramente económicos e não políticos ou sociais.

O consagrado Wayne Baker, da Universidade de Michigan, em conjunto com Robert Faulkner[68], publicou em 1993 um estudo pioneiro sobre a estrutura destas redes ilegais de «conluio» empresarial. A actuação concertada de vários actores económicos nos mercados – vulgo *cartelização* – é uma preocupação central das economias de mercado. O pressuposto (assim como a justificação fundamental) de uma sociedade organizada em mercados livres concorrenciais é a de que existe *efectivamente*

---

[68] Baker & Faulkner (1993).

livre concorrência. Se tal ocorrer, o sistema de preços encarregar-se-á de regular as trocas no sentido de favorecer o melhor preço para o consumidor final. Por isso o combate aos cartéis organizados, principalmente nos mercados de oligopólios[69], se tem tornado tão importante e dado origem à criação de «entidades reguladoras» específicas de vários sectores (*e.g.*, saúde, comunicações, combustíveis, cimentos, etc.) e de autoridades gerais para a «regulação da concorrência».

Apesar das medidas que os Estados têm assumido para reduzir a cartelização dos mercados em prol do bem comum de todos os consumidores, as situações de actuação em cartel continuam a existir e têm vindo a tornar-se mais sofisticadas na sua forma de organização. O motivo para o destaque aqui conferido a este tipo de criminalidade prende-se com as suas características mistas de representação de organizações criminosas, embora com uma actuação muito próxima da adoptada pelas redes terroristas, principalmente no que toca ao secretismo e à descentralização nestas redes. O caso dos cartéis de fixação de preços no sector dos equipamentos eléctricos industriais estudados por Baker e Faulkner é ilustrativo.

Estes autores estudaram a forma como três cartéis, todos do mesmo sector, se organizaram para, de forma secreta, combinarem preços nas suas propostas e, deste modo, obterem valores contratuais mais vantajosos para todos os agentes pertencentes à rede. Em concreto, Baker e Faulkner analisaram os cartéis dos alternadores, trans-

---

[69] Tome-se aqui a definição genérica de oligopólio como uma situação em que um mercado é constituído por um número muito reduzido de empresas ou agentes.

formadores e turbinas. No caso dos alternadores e dos transformadores, as redes assemelhavam-se mais às redes tipicamente criminosas, uma vez que podia criar-se um esquema de funcionamento em cartel para ciclos continuados de produção.

Um dos exemplos era o do cartel dos alternadores. Neste caso, a organização do cartel era totalmente descentralizada. Frank Stehlik, nessa altura gestor para os alternadores de baixa voltagem da General Electric testemunhou que, em conjunto com outros gestores, combinavam os preços e delegavam em seguida a execução numa equipa de operacionais. Esta equipa, por sua vez, desenvolveu um esquema de códigos encriptados actualizados quinzenalmente, conhecido por «fórmula das fases da lua», que permitia às diferentes empresas saberem antecipadamente os valores das propostas de todos os intervenientes ao longo do tempo, mesmo sem qualquer interacção «cara-a--cara» entre colaboradores das várias empresas. O código de encriptação era de tal ordem complexo que nem um criptógrafo profissional o conseguiu decifrar. O grau de descentralização desta rede criminosa encontra expressão no facto de Frank Stehlik e restantes gestores de topo não conhecerem sequer os códigos atribuídos. Esse era um domínio em que os operacionais tinham toda a autonomia para improvisar, tal como se observa na organização das redes terroristas – ao contrário das redes da Máfia, onde o «Padrinho» sabe sempre tudo.

No caso das turbinas, produtos com uma especificação muito mais personalizada e com tempos de produção que podem ir até quase dois anos, a rede era diferente e envolvia a acção directa das administrações de topo das empresas participantes na definição dos preços das propostas.

Por essa razão, a exposição dos altos quadros desta rede foi muito superior, o que não culminou num conjunto de penas mais agravadas neste caso por comparação com os outros dois cartéis. Isto mostra mais uma vez que o valor do segredo se sobrepõe ao valor da eficiência quando se trata de organizações que agem na sombra.

Em suma, não podemos dizer que o combate à criminalidade em geral, aos cartéis e ao terrorismo seja mais ou menos adverso em qualquer dos casos. Mas terá de ser certamente diferente. A grande adversidade no combate ao terrorismo é a dificuldade das autoridades em introduzirem infiltrados nestas redes. A adversidade principal no combate à criminalidade organizada é a de ultrapassar as barreiras dos subgrupos periféricos e ter acesso à rede de acção nuclear, onde se encontra o «peixe graúdo». O desmantelamento de pequenas partes periféricas das redes criminosas é algo que essas redes conseguem acomodar com relativa facilidade. A conclusão é óbvia. O combate a diferentes redes ilegais impõe o desenho de diferentes estratégias de combate.

Como combater uma rede social

Como se discutiu, o combate a uma rede ilegal implica, antes de mais, o mapeamento das características e actores dessa rede. De outro modo, é crucial identificar «quem é quem» na respectiva rede e de que tipo de rede se trata (*i.e.*, rede criminosa, rede terrorista, mista, de crime económico, etc.).

O *mapeamento da rede* deve ser o primeiro passo da investigação. Identificar «quem é quem» na rede não é tarefa fácil, até porque alguns actores agem nas margens da rede, como veremos no ponto seguinte. Mas, ainda assim, é imperioso ir completando o *puzzle* à medida que se vai obtendo informação sobre os diferentes actores. Isto, na verdade, é válido para combater qualquer rede social, mesmo que num processo de concorrência lícito, como uma disputa política eleitoral, um concurso de propostas empresariais, ou qualquer outro combate social legal.

Em todos estes casos, o mais importante é tentar identificar os papéis de cada um dos membros da rede social para depois agir. Para ajudar nesta identificação, Van der Hulst sintetizou um conjunto de propostas dispersas na bibliografia sobre os diferentes papéis «formais» que existem geralmente numa rede criminosa (Figura 5.2). O valor deste enquadramento é incrementado pela agregação que faz dos diferentes potenciais intervenientes nessas redes.

Hulst distingue entre os níveis da rede em que esses papéis funcionam e propõe uma estrutura tripartida das redes sociais criminosas. O primeiro é o *nível estratégico*, no qual se encontram os actores mais centrais da rede, em regra responsáveis pelo delineamento da estratégia de acção. Também se encontram neste nível os financiadores das actividades da rede, bem como os intermediários que facilitam a relação entre os restantes actores deste nível e os restantes. O segundo é o *nível táctico*, no qual se encontram os executantes que traduzem a estratégia de acção em actividades concretas, assim como os elementos responsáveis pelo recrutamento de novos membros, e os isoladores cuja função primordial é fazerem a ponte entre os actores dos outros dois níveis – os membros mais

	Nível estratégico
Estrategas organizadores	Actores centrais responsáveis pelo início e orientação das actividades criminais, que dirigem os outros para cometerem crimes, mas mantendo-se eles o mais salvaguardados e afastados possível dos riscos.
Financiadores	Actores que utilizam recursos pessoais para financiar actividades criminosas.
Intermediários	Actores responsáveis por repetidamente agirem como intermediários entre diversos indivíduos e/ou grupos.
	Nível táctico
Tacticistas	Actores que planeiam actividades criminosas relacionadas especificamente com importação, exportação ou distribuição de bens e produtos.
Espanadores	Actores responsáveis pelo recrutamento de novos membros para expandir a colaboração com o mundo «legal».
Isoladores	Actores que protegem os actores nucleares de perigos externos, como infiltrados, e que transmitem directrizes do núcleo para a periferia e que fornecem informação aos actores nucleares sobre as fraquezas e problemas da rede. Também têm a função de ajudar a isolar os membros mais centrais da rede de potenciais infiltrados.
	Nível operacional
Comunicadores	Actores responsáveis pela comunicação eficaz dentro da rede e que fornecem *feedback* aos isoladores.
Capatazes	Actores que utilizam ou ameaçam utilizar a violência para alcançar objectivos criminosos e utilizam a coacção para minimizar a deserção.
Operacionais	Actores que realizam as funções criminosas nucleares, como o tráfico de droga ou fraudes, além de interagirem com os clientes.
Prestadores de serviços	Actores que fornecem os serviços, materiais ou outra assistência necessária, que não financiamento, a uma organização criminosa.
Alternados	Actores que fazem parte das redes criminosas e ao mesmo tempo estão empregados em organizações legais – tais como bagageiros de aeroporto, químicos, investidores, funcionários públicos corruptos – que fornecem à rede informações e protecção valiosa.

Figura 5.2 – Papéis formais dos membros de redes criminosas([70])

([70]) Criado a partir de Van der Hulst (2009).

centrais e os mais periféricos. Finalmente, o terceiro nível é o *operacional*, que se encontra geralmente organizado em «células» comandadas por um capataz que coordena no terreno os operacionais de campo. De notar também que, ao nível operacional, existem elementos que se encontram nos limites da rede e que actuam apenas para prestar serviços específicos que possam vir a ser necessários. Alguns destes actores – designados *alternados* – encontram-se inseridos no mundo legal e cooperam com as redes criminosas apenas por motivos económicos.

A definição dos actores e da sua organização relativa numa rede social é o processo básico para delinear uma estratégia de combate. Quer o leitor se encontre ou venha a encontrar num processo de concorrência com outras empresas, ou com outros grupos de candidatos a uma lista eleitoral numa organização sem fins lucrativos, numa lista partidária num qualquer processo eleitoral, ou mesmo se faz parte de um gangue ou grupo criminoso que procura combater grupos adversários – sendo neste caso pouco provável que tente aprender com os livros –, o mapeamento das redes a combater é um passo imprescindível para o sucesso.

Definida a rede social em análise (da forma mais completa possível), quer em termos dos seus actores e respectivos papéis e recursos de que dispõem, quer em termos do tipo de rede, torna-se agora pertinente conhecer as opções estratégicas no combate às diferentes redes. A tentativa de infiltrar agentes por parte das autoridades é uma das estratégias mais utilizadas e eficazes no combate às redes criminosas. Mas a verdade é que o combate às redes terroristas (bem como à maioria dos casos em que se combatem outros grupos sociais em situações legais, como os acima exemplificados) requer um conjunto de estratégias alternativas que não exijam o recurso a infiltrados, os quais se tornam muitas vezes impossíveis de «plantar». Por isso, é necessário desenhar estratégias alternativas para combater as redes terroristas e outras redes legais, mas similares.

Jeffrey Ross e Ted Gurr([71]) investigaram centenas de acções terroristas levadas a cabo nos Estados Unidos e no Canadá nos anos 60, 70 e 80, por grupos como a Frente de Libertação do Quebeque e o Ku Klux Klan. A sua análise centrou-se em quatro tipos de estratégias de combate ao terrorismo que, de forma diferente nos dois países, ajudaram a reduzir o número de eventos nesse período.

Duas dessas estratégias – *antecipação* e *dissuasão* – referem-se a políticas e acções contraterroristas que reduzem ou eliminam as *capacidades coercivas e de acção* dos terroristas. As outras duas – *esgotamento* e *retrocesso* – procuram estabelecer condições gerais que reduzem as *capacidades políticas* dos grupos terroristas. As primeiras são estratégias de nível operacional, ao passo que as segundas se situam num nível político-social.

Em termos de contexto temporal, podemos afirmar que as estratégias de antecipação e dissuasão constituem medidas de combate a curto prazo, focalizadas na actuação policial e operacional. As medidas de *antecipação* afectam directamente os terroristas activos, tornando os seus alvos difíceis de atingir e eventualmente prendendo ou eliminando os terroristas imediatamente antes de executarem os seus alvos. As medidas de *dissuasão*, embora também preventivas e operacionais, procuram tornar mais salientes

---

([71]) Ross & Gurr (1989).

os riscos para os terroristas e seus apoiantes e incluem acções como leis antiterrorismo, tratados de extradição mais facilitados ou dificultados, penas de prisão mais pesadas, maior vigilância de potenciais terroristas, etc.

As medidas de *esgotamento* reportam-se às tentativas para reduzir o compromisso dos membros do grupo terrorista para com as suas causas e propósitos. Estas medidas contemplam acções como debates doutrinários e de esclarecimento, tentativas de criação de facções no grupo terrorista, tentativas para obter deserções entre os terroristas, e para conduzir os terroristas a iniciarem acções vistas como ilegítimas e em interesse próprio, como roubos a bancos ou extorsão. As medidas de *retrocesso* procuram reduzir o apoio político e social dos actos e objectivos terroristas. Estas medidas envolvem acções como campanhas públicas nos *media* promovidas pelas autoridades antiterroristas no sentido de descredibilizar as causas e motivos invocados pelos terroristas. Ao reduzir o apoio sociopolítico às causas invocadas pelos terroristas para justificar as suas acções, as medidas de retrocesso tornam mais difícil aos terroristas o acesso aos recursos e ao recrutamento de novos membros, diminuindo a sua capacidade para levarem a cabo ataques, encontrarem refúgio e evitarem ser apanhados por informadores das forças policiais e judiciárias.

Por último, referimos uma estratégia de combate transversal a todas as situações descritas. O termo técnico desta estratégia em análise de redes é *multiplexidade*[72]. A multiplexidade refere-se à capacidade de alcançar um determinado alvo social por diferentes vias numa rede.

---

[72] Krebs (2002).

Por exemplo, numa acção de combate a uma rede de narcotráfico, introduzir um infiltrado apenas num dos grupos de operacionais de campo pode ser muito limitado enquanto estratégia para chegar aos membros do núcleo táctico e estratégico da rede. Ao infiltrar agentes policiais em vários grupos operacionais da mesma rede, aumenta-se a probabilidade de chegar a esses alvos nucleares, bem como o efeito que se conseguirá uma vez alcançado por mais do que um elemento policial. Além disso, são obtidos todos os efeitos de sinergia e de protecção de actuação com mais do que um elemento infiltrado na rede. Infelizmente, a noção de multiplexidade e dos efeitos espectaculares que podemos obter com este tipo de estratégia de rede vieram em grande medida dos atentados realizados pela Al Qaeda nas Torres Gémeas em 2001 e no metro de Madrid em 2004. Por analogia, o efeito espectacular destes atentados foi apenas conseguido porque houve uma «multiplexidade» de acções em simultâneo (aviões num caso e comboios no outro). O mesmo raciocínio pode servir como estratégia de combate contra estas redes, tendo por base a multiplexidade de caminhos e intermediários possíveis para alcançar os mesmos alvos sociais.

Para definir uma estratégia e um plano de ataque a um grupo terrorista ou a qualquer outro grupo criminoso ou mesmo um grupo legal (*e.g.*, membros de um partido político adversário, de um clube de futebol rival, etc.), é necessário primeiro compreender a situação em que esse grupo se encontra, nomeadamente quais os seus recursos e trunfos que podem ser «jogados» no decorrer do combate. Combater uma rede social com eficácia exige um mapeamento o mais detalhado possível sobre essa rede

– *i.e.*, actores, ligações, centralidade de cada actor, intermediários, etc. – bem como das suas capacidades e poder de acção. Como em tantas outras esferas de nossa vida pessoal e profissional, quanto melhor se preparar, melhor conseguirá jogar e combater. Por isso, estude bem as redes sociais com as quais pretende colaborar ou concorrer.

Preconceitos, estereótipos e raciocínio contrafactual: olhando além do óbvio

Dos exemplos que temos vindo a discutir neste capítulo, há um outro facto que ressalta das nossas análises: as redes sociais são complexas e as relações entre os diferentes actores que nelas circulam são, muitas vezes, pouco óbvias. Com isto queremos dizer que, devido aos estereótipos e preconceitos, somos induzidos em erros de análise que tornam a acção incorrecta ou desajustada.

Um exemplo prático: imagine o leitor um profissional do serviços de fronteiras do aeroporto sem o treino necessário. Se tiver de seleccionar um em cada dez indivíduos para proceder a uma vistoria mais detalhada, quem é que ele escolherá para interrogar[73]? A investigação na área da psicologia social mostra que somos claramente influenciados pelos estereótipos e que, neste caso concreto, dificilmente ele deixaria passar alguém com uma aparência árabe ou do Médio Oriente. Ou um cidadão de raça negra ou de etnia cigana, ou com outra caracte-

---

[73] Este exemplo provém da experiência directa de um dos autores com os profissionais do SEF, com quem tem trabalhado em termos de consultoria e formação.

rística qualquer à qual se associa mais facilmente o estereótipo de criminalidade.

A verdade é que os membros das redes criminosas sabem que pensamos e agimos desse modo e, como tal, procuram tirar partido dessa forma enviesada de pensar e comportam-se, portanto, de forma não óbvia. Por isso, os membros que levam a cabo atentados terroristas possuem em geral formação superior e têm rendimentos igualmente elevados. Alguns «bombistas» são recrutados ou contratados entre os membros da comunidade que é alvo do ataque. E também por isso, temos que estar cognitivamente predispostos para pensar de forma diferente no combate à criminalidade.

Os autores deste livro concluíram em 2006 um artigo científico que apresenta algumas estratégias que podem ajudar a ultrapassar estas tendências de pensamento que podem ser enganadoras[74]. Uma dessas estratégias é conhecida na área da psicologia social como *pensamento contrafactual*. O pensamento contrafactual é uma estratégia de pensamento que nos leva a raciocinar de forma contrária à habitual. Por exemplo, o raciocínio de Copérnico quando se interrogou: «E se a Terra não fosse o centro do Universo?».

Trazendo esta estratégia para a discussão, investigadores criminais e demais membros das autoridades poderão beneficiar com a colocação de questões contrafactuais como, por exemplo, «e se houver membros de partidos concorrentes num mesmo caso de corrupção?»,

---

[74] Lopes & Cunha (2006). O artigo pode ser acedido electronicamente através do *link*: http://papers.ssrn.com/sol3/papers.cfm?abstract_id=941947

ou «e se os membros da ETA a actuar em Portugal forem portugueses e não espanhóis?». Em todas estas questões parece haver um pensamento contrário ao expectável. Mas é precisamente aí que as redes ilegais vêem uma forma de acção mais segura.

Marika Vicziany, do Monash Asia Institute, perita em assuntos de extremismo religioso, afirma que o pensamento «confirmatório» (oposto ao pensamento contrafactual) tem levado as autoridades a procurarem no sítio errado as bases do terrorismo islâmico na Índia[75]. Uma das estratégias político-criminais do combate ao terrorismo tem passado por culpabilizar as madrassas[76] como locais onde se doutrinam e ensinam as crianças muçulmanas a tornarem-se islamistas radicais, intolerantes e inimigas do Ocidente. Alguns apelam-nas mesmo de «fábricas da *jihad*»[77].

Os estudos conduzidos por Vicziany mostram, contudo, que esta associação directa entre o ensino religioso islâmico numa madrassa e a formação de futuros terroristas não passa de uma correlação ilusória. Não só não existe qualquer correlação entre ter estudado numa madrassa e ter participado em actos terroristas, como os indícios mostram que os membros que participam neste tipo de actos são tudo menos os óbvios (*i.e.*, que seriam indivíduos islâmicos de nacionalidade estrangeira que estudaram em madrassas, que vêm de classes mais pobres e vivem em condições sociais degradadas). Vicziany analisou em detalhe os atentados terroristas de Mumbai

---

[75] Vicziany (2007).
[76] Escolas e colégios de ensino privado islâmico.
[77] Com o significado de «Guerra Santa», no senso comum.

em 1993 e encontrou factos interessantes a este respeito. A responsabilidade por estes atentados foi desde logo atribuída aos radicais islâmicos, inimigos dos hindus. As madrassas foram alvo de grande contestação. Mas os factos apurados das investigações mostraram que, afinal, a rede responsável pelo atentado envolvia pessoas tão diferentes como talhantes indianos, comerciantes abastados, electricistas e outros elementos que viviam uma vida supostamente «normal» – os «alternados», como lhes chamámos atrás. Mais curioso ainda foi o facto de vários membros da rede serem de facto hindus (mais de 10%). No final, os atentados de Mumbai em 1993 acabaram por mostrar que as razões por detrás deste acto terrorista estavam nas lutas entre *gangs* rivais do submundo do crime organizado da cidade.

Os responsáveis pelas investigações, os políticos e as autoridades não hesitaram inicialmente em atribuir a responsabilidade dos treze rebentamentos do atentado de Mumbai aos radicais islâmicos porque agiram com base em estereótipos e preconceitos. Isso desviou-os durante uma década[78] de uma estratégia eficaz de combate ao terrorismo, a qual se viu incapaz de travar uma nova onda de ataques em 2008. Na verdade, mais do que as madrassas, os *curricula* das escolas públicas do Paquistão parecem contribuir para uma visão limitada e dualista do mundo, o que deveria requerer, ao invés, o emprego de estratégias do tipo «retrocesso», discutidas atrás.

O mesmo tipo de pensamento «confirmatório» ocorre muitas vezes quando analisamos redes criminosas

---

[78] O fim do julgamento teve lugar mais de dez anos depois dos atentados.

com fins lucrativos. Num artigo publicado em 2006 na revista *Crime, Law and Social Change*, Carlo Morselli e Cynthia Giguere apresentaram os resultados de uma investigação baseada num estudo de caso de uma rede de importação ilegal de droga que foi monitorizada pelas autoridades durante dois anos[79]. As suas conclusões mostram que, tal como acontece com os associados da Máfia, essa rede criminal só conseguiu subsistir devido ao contributo de actores que actuavam em organizações legítimas, tais como políticos, advogados, contabilistas, banqueiros e outros homens de negócios, que recrutavam novos elementos para o grupo e mediavam as relações entre traficantes e não traficantes. Morselli e Giguere também encontraram um perfil geral deste tipo de actores, dos quais se destacam as seguintes características: (1) *low profile* e actividade limitada e com baixa centralidade nas suas redes sociais; (2) relacionam-se com a rede criminosa geralmente através de apenas um dos seus membros; (3) raramente se articulam com outros actores do mundo legítimo/legal também envolvidos em redes criminosas; (4) são geralmente quem inicia o contacto com as redes criminosas e não o contrário, particularmente aqueles que estão envolvidos com dinheiro e investimentos. De certo modo, estas são características que poderíamos considerar pouco óbvias para definirmos um «verdadeiro» criminoso.

Em suma, as ligações entre as pessoas nas redes sociais nem sempre são o que parecem. Mas o estudo das redes sociais encobertas (e das redes ilegais em especial) é algo que transmite uma visão mais sistemática do modo

---

[79] Morselli & Giguere (2006).

como os actores se movem entre as forças de pressão para a eficiência e as forças de pressão para o secretismo.

Conclusão

Tendo em conta as características das redes sociais ilegais e o que com elas podemos aprender, destacamos como principais pontos de atenção e recomendação os seguintes:

- as organizações e grupos organizados podem não tomar a forma hierárquica com a qual estamos geralmente familiarizados. Seja ágil e procure analisar o comportamento das pessoas nas organizações à luz dos conceitos de rede que temos vindo a discutir;
- nas suas acções de «combate» a outras redes sociais, comece por proceder ao mapeamento das redes em confronto e identifique logo a «rede de acção» e a «rede complementar» adversárias, antes de traçar alguma estratégia específica;
- procure tirar partido das redes sociais «latentes», planeando estratégias eficientes para «manter o contacto» mesmo com um mínimo investimento de tempo e esforço. Maximize a utilização e as potencialidades das redes sociais na *internet*;
- diferencie os tipos de redes, legais e ilegais, utilizando os parâmetros da eficiência e do secretismo para compreender o funcionamento das redes em análise;
- distinga as diferentes formas de combater e enfrentar redes sociais organizadas, utilizando estratégias

como a antecipação, a dissuasão, o esgotamento ou o retrocesso. Procure utilizar estas estratégias para «atacar os seus adversários sociais», mas também para aprender a defender-se deles;
- tire partido da multiplexidade que é possível criar nas redes. Já sabe que «se o mundo é pequeno» há sempre vários caminhos para chegar a quem precisa. E por quantos mais caminhos tentar, mais provável é que consiga fazê-lo com sucesso;
- olhe para lá do óbvio quando procede à análise social de rede. Não se deixe levar pelos estereótipos e preconceitos. Descubra as potencialidades do «pensamento contrafactual» e utilize esta técnica para não se deixar enganar por falsas conclusões.

Capítulo 6

Relações magnéticas: energizar os outros e criar capital social

A 15 de Janeiro de 1935, na cidade de Zunyi, província chinesa de Guizhou([80]), reuniram em conferência, entre outros, Otto Braun, o comunista alemão enviado pelo comité central soviético para ajudar os comunistas chineses, Bo Gu, secretário do Partido Comunista Chinês, e vários generais, que para esse local haviam confluído após as pesadas derrotas de Jiangxi. Discutem-se as derrotas do Exército Vermelho com as numerosas forças militares do Partido Nacionalista liderado por Chiang Kai--chek. A diferença de exércitos é na ordem dos 400 000 nacionalistas para cerca de 35 000 soldados do Exército Vermelho, só naquela zona de combate. Para os especialistas, este foi o momento mais crítico na Longa Marcha que conduziu os comunistas ao poder e à implantação da

---

([80]) Construído a partir da obra de Shuyun (2006).

Revolução Cultural na China (*vide* mapa ilustrativo da Longa Marcha na Figura 6.1). A Conferência de Zunyi estendeu-se por mais dois dias, até que no dia 17 teve de terminar de forma abrupta ao final da noite, com a chegada das tropas de Kai-chek, que os forçou a retirar de imediato no dia seguinte, em direcção a Sechuan.

O que se passou naquela conferência marcou indelevelmente a direcção política e militar da luta contra os nacionalistas. Braun e Bo Gu foram culpados pelos fracassos do Exército Vermelho que conduziram ao fiasco no rio Xiang e foi decidido que seriam afastados da liderança do exército, bem como outros representantes bolcheviques treinados em Moscovo para «controlar» as actividades do Exército Vermelho. Seguiu-se um discurso bombástico de Zhang Wentian, que também havia pertencido ao governo soviético de Jiangxi, que destacou o facto de se terem vencido as campanhas anteriores com a mesma inferioridade homens no terreno pelo que, se houve erros, eles foram de cariz militar e não político. Dito isto, o astuto político Mao Tsé-tung levantou-se e apoiou de forma acérrima o discurso de Wentian, insistindo que os erros foram militares e não políticos e que no futuro unidade política deveria permanecer. Mao saiu no final como o grande líder militar que haveria de levar o Exército Vermelho, entre derrotas e vitórias, até ao prémio final da Revolução.

O discurso de Mao parece ter sido extraordinariamente persuasivo. Mas como destaca Shuyun, investigadora de história da China, os presentes não foram influenciados apenas pelas palavras de Mao. Sabe-se hoje que o primeiro discurso antecipatório de Zhang Wentian havia sido minuciosamente combinado com Mao Tsé-tung.

RELAÇÕES MAGNÉTICAS:
ENERGIZAR OS OUTROS E CRIAR CAPITAL SOCIAL

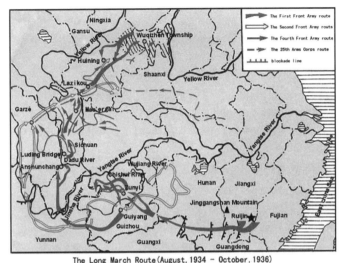

Figura 6.1 – Mapa dos percursos da Longa Marcha([81])

Talvez até tenha mesmo sido escrito com ele ou por ele, evidenciando um trabalho de «bastidores» e de *networking* que se mostrou fundamental na sua ascensão à liderança do Partido Comunista Chinês. Esta poderá não ter sido a única longa marcha da história, mas os seus mais de dois anos de duração fazem adivinhar que terá sido a mais longa([82]).

([81]) Acedido em 12 de Fevereiro de 2010 no *website*< http://www.china.org.cn/english/features/changzheng/176174.htm >

([82]) Oficialmente a Longa Marcha começou a 10 de Outubro de 1934 em Ruijin e terminou a 22 de Outubro de 1936 em Jiangtaibao, tendo sido percorridos a pé e em terreno adverso mais de 9000 quilómetros, segundo as estimativas da maior parte dos investigadores.

As duas vias de atracção:
O que podemos aprender com os empreendedores

O que terá acontecido a Mao Tsé-tung para obter um efeito de atracção tão magnético sobre os que o seguiram? O que terá ele feito para obter os recursos materiais e sociais necessários às suas pretensões? Como conseguiu Mao mover massas no mesmo sentido e direcção? A resposta a estas questões ajudar-nos-á, como veremos ao longo deste capítulo, a desenvolver estratégias e instrumentos que nos permitam alavancar as redes sociais e desse modo criar capital social accionável.

Os autores deste livro têm procurado esboçar respostas a estas questões desde há alguns anos. Uma das realidades actuais onde o efeito crítico desta capacidade de «magnetização» mais se torna saliente é o empreendedorismo. Quem esteve ou está a empreender, seja dentro de uma organização já existente ou como empreendedor livre, sabe quão adverso é o contexto em que tem de vencer. Em regra, os empreendedores caminham longas marchas até conseguirem alcançar uma posição confortável em termos de desenvolvimento do seu negócio ou projecto. E isto, para aqueles que lá conseguem chegar, pois é bem conhecida a elevada «taxa de mortalidade» no lançamento de novos empreendimentos, principalmente nos dois primeiros anos de vida da organização[83].

Foi neste sentido que realizámos um conjunto de estudos entrevistando empreendedores com maior ou menor sucesso, para tentar compreender o que fizeram para alcançar os recursos humanos, tecnológicos, institu-

---

[83] Stinchcombe (1965).

cionais e financeiros necessários ao desenvolvimento dos seus negócios e projectos.

Num desses estudos, foi realizado um conjunto de entrevistas em que se indagava os empreendedores sobre o que tinham feito nos primeiros dois anos de vida do seu negócio para atrair os recursos de que necessitavam[84]. As respostas dadas permitiram verificar que, nestas situações críticas, os comportamentos encetados pelos empreendedores podem ser agrupados em dois grandes tipos (Figura 6.2).

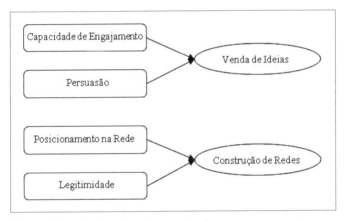

Figura 6.2. – As duas vias de atracção de recursos e as quatro dimensões-chave[85]

Por um lado, e tal como era reconhecido a Mao Tsé--tung e a outros líderes «magnéticos», nestas circunstâncias são as capacidades de persuasão e de engajamento[86]

---

[84] Lopes, Cunha & Palma (2009).
[85] Adaptado de Lopes, Cunha & Palma (2009).
[86] Do inglês *engagement*.

que permitem iniciar de forma proactiva a aproximação àqueles que detêm os recursos de que necessitamos, quer se trate de dinheiro, de bons colaboradores ou parceiros, ou mesmo de tecnologia adequada.

Na Tabela 6.1[87], o leitor encontra alguns dos comportamentos e estratégias que podem ser utilizados nesta busca activa de influência social, quer se trate de persuadir os outros pela racionalidade de mercado do projecto/ /negócio que se propõe (persuasão), ou de envolver directamente e de forma simbiótica cada um dos interlocutores com o projecto em causa (capacidade de engajamento). A respeito da persuasão, já Robert Baron, eminente investigador na área do empreendedorismo, havia explicitado o seguinte[88]:

> «...se os empreendedores não forem capazes de causar uma boa primeira impressão nos outros ou de persuadi-los sobre a pertinência e o impacto das suas ideias ou novos produtos, dificilmente obterão o apoio, financeiro ou de outro tipo, que procuram» (p. 248).

Um dos empreendedores entrevistados nos nossos estudos exemplificou da seguinte forma a sua capacidade de engajamento quando comunicou aos seus antigos subordinados que iria deixar a empresa para iniciar o seu próprio negócio[89]:

---

[87] Adaptado de Lopes, Cunha & Reis (2006).
[88] Baron (2002).
[89] Retirado de Lopes, Cunha & Palma (2009).

Facetas e Dimensões		Comportamentos e estratégias para atrair recursos
Venda de ideias	Capacidade de engajamento	Fazer com que os outros se sintam essenciais, mostrando que a sua participação é determinante. Fazer com que os outros associem um significado pessoal ao empreendimento, evidenciando o que pode adicionar à sua própria vida e interesse. Mostrar claramente aos outros «onde é que eles entram», fazendo-os prever acções potenciais. Agir «como se» o empreendimento fosse já uma realidade, falando acerca das actividades que está a desenvolver (clientes, fornecedores). Comunicar uma visão clara do enquadramento do empreendimento no que diz respeito às necessidades sociais e de mercado. Demonstrar a sua determinação, vontade e força para superar dificuldades e potenciais dificuldades.
	Persuasão	Usar materiais como o plano de negócios para mostrar a coerência e solidez da ideia (*e.g.*, fluxogramas, números, orçamentos). Enunciar/nomear aqueles que já estão a apoiar o empreendimento. Relacionar a actividade empreendedora com as questões que estão a decorrer no mercado e na sociedade, especialmente aquelas conhecidas como valorizadas pelos detentores de recursos. Criar uma expectativa de resultados positiva nos detentores de recursos.
Construção de redes	Posicionamento na rede	Alargar o âmbito das pessoas com quem os recursos são trocados, tanto na quantidade como na qualidade (*i.e.*, heterogeneidade). Desenvolver ligações fortes (*i.e.*, frequentes e duradouras) com comunidades onde os fornecedores de recursos importantes se encontram. Desenvolver ligações fracas (*weak ties*) com o maior número possível de pessoas.
	Legitimidade	Estabelecer relações de confiança e autênticas. Estabelecer alianças e parcerias com firmas maiores e de *status* mais elevado. Difundir o nome e negócio principal do empreendimento de todas as maneiras possíveis através das suas redes, para que as pessoas o possam espoletar sempre que precisem. Ter cuidado com a aceitação ou futura aceitação das actividades do empreendimento em termos de valores sociais e normas.

Tabela 6.1. – Estratégias para atracção de recursos por parte dos empreendedores

«Falei com cada uma das pessoas individualmente e apresentei o projecto na globalidade. Depois apresentei o que esperava concretamente de cada uma delas e disse-lhes o que teriam de fazer de acordo com a estrutura da nova empresa» (p. 331).

Os dados que recolhemos junto dos empreendedores mostravam pois, invariavelmente, que as capacidades de persuasão e engajamento são fundamentais para nos tornarmos atractivos e, consequentemente, centrais nas redes sociais que nos interessam. Até aqui, na verdade, não há muito de surpreendente e o que sabemos sobre os processos de liderança vão ao encontro destas conclusões. Mas o que mais surpreendeu nas nossas pesquisas foram as outras estratégias referidas pelos empreendedores. Ao invés de reflectirem uma estratégia a que podemos chamar «directa», genericamente catalogada de «venda de ideias», acentuavam antes uma tentativa «indirecta» dos empreendedores para ganharem centralidade nas redes sociais através do *networking* e da capacidade para construírem redes de apoio alicerçadas num efeito de atracção baseado na informação e no prestígio.

Esta estratégia de atracção pela capacidade de construir redes de contacto profícuas revelou-se em duas dimensões-chave, como se pôde ver na Figura 6.2. Uma delas era a capacidade para criar redes de contactos sociais alargadas, que chamámos «posicionamento na rede». Esta forte actividade de *networking* reportada pelos empreendedores de sucesso inclui tanto o estabelecimento de laços fracos, como a mobilização estratégica dos laços fortes formados no passado, com todas as vantagens já discutidas no capítulo 3. Um dos empreendedores entrevistados referia-se a este esforço continuado e alargado de *networking* da seguinte forma[90]:

> «Começámos a falar sobre o que precisávamos [...] para encontrar alguém interessado em investir. Fomos falar com a banca, mas sentimos que nos estavam a colocar demasiado contra a parede. Entretanto, fomos os três jantar com alguém que poderia estar interessado em investir, mas que acabou por rejeitar a ideia. Foi então que tudo começou com uma viagem casual que eu fiz onde acabei por almoçar com uma pessoa que mal conhecia e que se começou a interessar pela ideia e é agora um dos nossos investidores.» (p. 338).

O exemplo citado explicita também o que pretendemos descrever como uma estratégia «indirecta» de atracção. Neste caso, como em tantos outros, o empreendedor encontrou o recurso que procurava precisamente quando não estava à procura dele[91]. Mas não se pense que foi uma mera casualidade sobre a qual não teve qualquer influência. Pelo contrário, ao alargarmos as nossas redes de contactos ficamos, como se tem provado ao longo da nossa viagem pelas teorias das redes sociais, em situação mais favorável para obtermos de forma indirecta – magnética, dir-se-ia – aquilo de que precisamos.

Um exemplo claro deste efeito de atracção indirecto provém de um outro conjunto de estratégias e comportamentos relatados pelos empreendedores sobre o que fazem para se tornarem atractivos na rede, dimensão a

---

[90] Retirado de Lopes, Cunha & Palma (2009).
[91] Cunha, Clegg & Mendonça (2010).

que demos o nome de «legitimidade» (ver Figura 6.2 e Tabela 6.1). Para ganharem centralidade nas redes e serem procurados por outros agentes por iniciativa exclusiva destes últimos (muitas vezes até desconhecidos, mas que podem ajudar a concretizar projectos e negócios), os empreendedores de sucesso procuram estabelecer de antemão relações com parceiros institucionais ou individuais de elevado prestígio. Por isso, indivíduos e entidades com elevada centralidade procuram estabelecer parcerias com outros indivíduos e entidades detentores de prestígio social e magnetismo em determinados mercados e círculos sociais.

Não terá sido por acaso nem apenas por questões de estratégia militar que Mao Tsé-tung e os restantes membros do Exército Vermelho mantinham relações tão estreitas com os Soviéticos e com os comunistas da RDA. Aliás, quando foi necessário afirmar a singularidade do comunismo chinês, não houve hesitação em trocar representantes destas instituições estrangeiras por líderes chineses. A ligação estabelecida no início das actividades do Exército Vermelho terá sido eminentemente valiosa como forma de mostrar uma ligação a entidades que gozavam já de elevada relevância internacional e de com isso tornar a causa do movimento revolucionário chinês legítima e incontornável.

O leitor terá certamente muitos outros exemplos de quão decisiva foi cada uma destas estratégias para a afirmação de individualidades e de movimentos sociais e para o incremento do seu poder de atracção social. De tal forma esta atracção se exerce que, tal como nos processos de energia estudados pela física, também a energia e a capacidade de energização de algumas pessoas se mostram o maior determinante do sucesso de atracção e valor nas redes sociais. É sobre essa capacidade energizante que nos debruçaremos já em seguida.

Liderança energizante

O leitor poder-se-á ter já indagado sobre a realidade material do conceito de energia humana. Comecemos então esta secção por tranquilizá-lo em relação a esta questão, esclarecendo que não vamos entrar pelos polémicos e questionáveis (embora desafiantes) campos do esoterismo. Pelo contrário, como explicaremos já a seguir, a investigação tem demonstrado a pertinência e a verificabilidade da existência de diferentes níveis de energia humana, bem como a sua influência nos relacionamentos sociais. Da mesma forma que acontece com o conceito de energia estudado no campo da física, podemos igualmente afirmar que este é um fenómeno do qual podemos medir as consequências, mas não observá-lo directamente[92].

É pois a este nível de análise que nos centraremos, em boa parte porque é também por este caminho que se têm registado os maiores avanços científicos na compreensão do complexo fenómeno da energia humana. O que se entende então por energia humana? Como pode ser

---

[92] A este respeito, e aceitando que existem diferenças entre as ciências chamadas naturais e as ciências ditas sociais, a verdade é que, tal como nunca ninguém viu a energia humana, também nunca ninguém viu a energia estudada pela física, e também nunca ninguém viu «literalmente» um átomo, embora poucos questionem a sua existência.

estudada do ponto de vista científico? E como nos pode ajudar a compreender os processos de *networking* e as relações sociais?

Ryan Quinn e Jane Dutton publicaram em 2005 um artigo na prestigiada revista de gestão *Academy of Management Review*, em que definiram energia humana como «o sentimento de que se está desejoso para agir e de que se é capaz de agir nesse momento»[93]. Embora esta energia possa parecer algo «subjectiva», a investigação tem mostrado o contrário. De facto, quando pedimos às pessoas para avaliar o seu próprio nível de energia ou o nível de energia daqueles que as rodeiam, o grau de concordância entre diferentes avaliadores sobre uma mesma pessoa é extremamente elevado. Pense o leitor no conjunto de pessoas com quem interagiu ao longo do dia de hoje. Ou então nos seus colegas habituais de trabalho. Certamente que consegue distinguir entre aqueles que o «energizam» e os que o/a «desenergizam» quando interage com eles. Pois bem, esta é a metodologia que mais tem sido utilizada para estudar o impacto da energia humana nas relações sociais.

Por exemplo, Rob Cross, da Universidade da Virginia, e o consultor da IBM Andrew Parker desenvolveram um conjunto de estudos sobre o impacto da capacidade de «energização dos outros» em processos de eficiência das organizações, tais como a comunicação, a inovação e a resolução de problemas[94]. Em concreto, estes investigadores colocaram a seguinte questão a colaboradores

---

[93] Quinn & Dutton (2005). Para saber mais sobre energia humana, ver também Dutton (2003).

[94] Cross & Parker (2004). Ver também Cross, Baker & Parker (2003).

tão diferentes como os funcionários de uma agência governamental, os colaboradores de empresas de consultoria e a profissionais de institutos de investigação: «Quando interage com esta pessoa, como é que isso tipicamente influencia o seu nível de energia?». Em seguida, os respondentes indicavam um valor quantitativo que podia ir de 1 até 5, em que 1 significava «fortemente desenergizante» e 5 significava «fortemente energizante».

O mapeamento das redes de aprendizagem, troca de informação e de comunicação entre os diferentes membros das organizações estudadas por Cross e pelos seus colegas (*i.e.*, as escolhas que cada colaborador fazia sobre quem procurariam para obter os recursos que necessitavam), a par do mapeamento das redes de energia, evidenciaram factos bastante conclusivos, dos quais se destacam: (1) para todas estas medidas, o desempenho está positivamente relacionado com a centralidade da posição dos indivíduos na rede de energização; (2) aqueles que mais energizam os outros têm desempenhos muito superiores; (3) os energizadores tendem a relacionar-se mais com outros energizadores (ver princípio da homofilia no capítulo 4 deste livro); (4) os energizadores são melhores a atrair e engrenar os outros nas suas próprias ideias, incluindo actividades como obter apoio para as suas iniciativas e persuadir clientes para comprar produtos ou serviços; (5) finalmente, e de forma extraordinária, além de melhores *performers*, os energizadores estão também ligados a outros energizadores que também se encontram entre os melhores *performers*.

É por isso que podemos falar numa «liderança energizante». Na verdade, este é um dos principais (o principal?) papéis que os líderes devem ter, o de energizar os outros e torná-los ávidos de acção. E dado que a capacidade de energizar os outros é determinante para a conquista de cargos de liderança nas redes sociais, a questão que se segue é a de compreender o que fazem os líderes energizantes que os torna distintos das outras pessoas. Na Tabela 6.2[95], sintetizamos alguns dos comportamentos adoptados pelos indivíduos que conseguem energizar aqueles com quem interagem, de acordo com várias referências e estudos científicos.

A perspectiva do líder como energizador encontra-se hoje na vanguarda do que sabemos sobre liderança. A capacidade de energização parece, contudo, ser tanto causa para a centralidade nas redes sociais, como consequência dessa mesma posição. O que nos leva a um patamar mais inovador para perspectivar o que está efectivamente na origem de uma liderança de sucesso. É precisamente sobre esta emergente perspectiva de liderança nas redes sociais que nos debruçaremos de imediato.

Liderança posicional

Como vimos até aqui, a capacidade de magnetização e de criação de capital social é algo que os líderes sempre fizeram ao longo da história. Apesar disso, as teorias sobre a liderança nem sempre enfatizaram estas capacidades e os processos subjacentes à sua operacionalização, como a construção de redes sociais produtivas. Pelo

---

[95] Construído a partir de Dutton (2003), Cross & Parker (2004) e Ramalho, Palma & Lopes (2010). Para saber mais sobre o asunto, pode consultar Cunha, Rego & Cunha (2007) e Cunha e tal. (2008).

De acordo com Cross e Parker (2004), os líderes energizantes:
• estabelecem uma visão convincente e positiva do futuro, perguntando sobre «o que poderá ser», mais do que «o que é» ou «o que foi»; • fazem os outros sentir que estão a dar um contributo com grande importância e significado, levando-os a acreditar que fazem a diferença; • criam oportunidades para as pessoas entrarem em conversas de resolução de problemas de forma a que as suas opiniões sejam ouvidas; • ouvem primeiro o que os outros têm a dizer, e procuram depois adicionar o seu próprio conhecimento e *expertise* para a discussão; • procuram criar nos outros um sentimento de que as coisas estão a progredir, focaando bem os objectivos específicos que estão a ser alcançados; • são abertos e confiáveis e não mostram ter segundas intenções ; • dito de outro modo, são íntegros e consistentes ao nível das acções e dos discursos (fazem o que apregoam).
De acordo com Dutton (2003), a energização nas relações sociais pode ser maximizada se houver:
• engajamento com respeito, ou seja, mostrar aos outros que se está presente psicologicamente (e não apenas fisicamente), apreciando positivamente as intervenções e o mérito deles; • dar tempo aos outros para experimentarem e aprenderem, mas estando sempre lá a encorajar a melhoria e a servir de modelo; • agir com verdade, evidenciando integridade, mas também dependência do esforço de todos e benevolência quando necessário.
De acordo Ramalho, Palma e Lopes (2010), os líderes energizantes:
• valorizam a aprendizagem, a discussão de ideias e o entusiasmo da procura de melhorias e inovações; • são dinâmicos e procuram activamente considerar os problemas de diferentes pontos de vista; • valorizam a diversidade, a participação e a flexibilidade dos outros com quem se relacionam; • impõem um «ritmo de acção», transmitindo optimismo, boa disposição, crença no alcance de objectivos e flexibilidade.

Tabela 6.2. – Comportamentos adoptados pelos líderes energizantes

contrário, as teorias da liderança foram-se desenvolvendo ao longo dos tempos com uma ênfase nos traços de personalidade e até nos poderes «extraordinários», quase «sobre-humanos» dos líderes (em particular do último século, no caso das perspectivas científicas estudadas pela psicologia social, pelo comportamento organizacional e pela gestão)([96]).

Todos aceitamos a ideia de que nenhum feito é obra de uma só pessoa. Mas quando procuramos descrever os grandes movimentos sociais e os feitos históricos realizados pelas «massas sociais», tendemos a sobrevalorizar o papel de líderes únicos, muitas vezes descritos como possuidores de superpoderes quase sobre-humanos. Esta tendência para atribuir os efeitos do comportamento humano a traços de personalidade e a disposições internas é, aliás, conhecida dos psicólogos, que lhe chamam erro fundamental da atribuição. Esta constatação foi primeiramente trabalhada pelo psicólogo social Lee Ross e refere-se ao facto de as pessoas sobrestimarem o peso da personalidade e subestimarem o peso da situação quando procuram atribuir a causa e intencionalidade de um comportamento que alguém praticou([97]). Não admira, pois, que façamos uma atribuição do que aconteceu na II Guerra Mundial a Hitler, do que aconteceu durante o Estado Novo a Salazar, a vitória do Exército Vermelho a Mao Tsé-tung. Como é óbvio, sabemos que esses homens sozinhos nada conseguiriam fazer, mas ainda assim temos de atribuir a responsabilidade desses acontecimentos a alguém.

([96]) Para um aprofundamento desta temática, o leitor pode consultar Rego & Cunha (2003) e Cunha, Rego, Cunha & Cardoso (2006).

([97]) Ross (1977).

Outro exemplo. Pense o leitor a quem devemos atribuir o sucesso da Microsoft. Não surpreenderá se responder Bill Gates. Não temos dúvida de que Bill Gates foi decisivo para o sucesso desta empresa, mas terá sido apenas ele? E ainda outro exemplo: quem foi o grande líder dos descobrimentos portugueses? Certamente que está a pensar no Infante D. Henrique (ou talvez não). Mas então e D. João II? E Vasco da Gama? Será que podemos mesmo eleger «um» grande líder desta realização nacional?

Stephen Miles e Michael Watkins publicaram em 2007 um artigo na *Harvard Business Review* onde exploraram a necessidade de abordar a liderança numa óptica de complementaridade[98]. Da análise que fizeram de muitas equipas de topo de organizações de sucesso, Miles e Watkins concluíram que, embora exista muitas vezes um dos elementos dessas equipas com maior notoriedade para o exterior (o «Mister Outside»), a verdade é que a liderança tende a ser partilhada. Peguemos no exemplo da Microsoft. Bill Gates, o «Mister Outside», pode ser para a maioria de nós o líder da empresa. Até podemos não conhecer quaisquer outros elementos do topo da empresa. Mas quem lá trabalha sabe que outros grandes líderes existem e desempenham um papel de liderança tão (ou mais) crítico como Gates. É o caso de Steve Ballmer, que durante muitos anos assumiu o cargo de «Mister Inside» e de notável motivador dos empregados da empresa. O mesmo se passou na Coca-Cola durante vários anos entre Roberto Goizueta («Mister Outside») e Douglas Ivester («Mister Inside»), e até na vida política,

---

[98] Miles & Watkins (2007).

onde Miles e Watkins citam o exemplo de Shimon Peres («Mister Outside») e Yitzhak Rabin («Mister Inside») na liderança do Estado de Israel. Não restam pois grandes dúvidas de que a liderança é um trabalho de equipa que envolve (quase) sempre a acção concertada de vários actores nas redes de influência.

Apesar destas recentes propostas ao estudo da liderança (em parte por oposição ao estudo dos líderes em si mesmos), talvez porque a ciência também é feita por pessoas, que se encontram sujeitas às mesmas limitações e enviesamentos cognitivos que todas as outras – incluindo o erro fundamental, claro – os estudos científicos realizados sobre o fenómeno da liderança centraram-se desde o seu início nas características dos líderes e descartam o contexto em que essas lideranças se desenvolveram.

O facto é que as teorias sobre a liderança eficaz começaram, ainda na primeira metade do século XX, por incidir sobre os traços de personalidade dos líderes([99]). Características como a inteligência, a autoconfiança e a determinação foram consideradas fundamentais para uma liderança eficaz e mobilizadora. Contudo, e principalmente porque nem sempre se encontravam de forma consistente os mesmos traços de personalidade nos indivíduos sobre os quais havia um consenso em relação ao papel de liderança que desempenhavam, a ênfase passou em seguida para a análise dos comportamentos, e logo depois para a pertinência e eficiência dessas características em função da situação (por exemplo, deve liderar-se forma diferente em tempo de paz e em tempo de guerra).

([99]) Rego & Cunha (2003); Northouse (1997).

É aqui que começam a surgir as perspectivas de liderança chamadas «contingenciais» (por oposição à visão anterior, que contemplava a existência de um conjunto universal de características eficazes em todas as situações). Uma das perspectivas que melhor explicaram esta contingência foi o modelo proposto por Hersey e Blanchard segundo o qual o estilo de liderança mais eficaz varia em função da maturidade dos elementos do grupo e a complexidade da tarefa. Segundo esta perspectiva, os líderes devem adoptar um estilo directivo quando os liderados são pouco maduros (*i.e.*, não dominam as tarefas cruciais, nem criaram ainda as normas e rotinas fundamentais de funcionamento). À medida que os liderados se vão desenvolvendo, os estilos de liderança mais eficazes vão-se alterando, primeiro passando para a persuasão, depois para o apelo à participação dos membros liderados e finalmente para um estilo delegativo, onde podem dar aos colaboradores todo o *empowerment* que estes quiserem aceitar.

Os estudos sobre a liderança voltariam ainda (e continuam muitas vezes ainda) a enfatizar as características nucleares dos líderes, como aconteceu recentemente com a chamada teoria da *liderança transformacional*[100] mas, com o aparecimento das perspectivas contingenciais, o papel dos liderados passou a fazer parte inequívoca do processo de liderança. Afinal de contas, não são as características dos líderes em si mesmas que os tornam vencedores, antes a atribuição e o significado que os seguidores atribuem a essas características.

---

[100] Teoria de liderança que salienta o principal papel de um líder na capacidade para transformar os pressupostos básicos de funcionamento, *i.e.*, da cultura, de uma organização ou grupo social.

Na verdade, esta caracterização da filogénese dos estudos da liderança não é algo distintivo deste campo de estudo. Pelo contrário, a evolução de uma perspectiva centrada nos indivíduos para uma centrada nas relações é transversal aos estudos sociais como um todo. E talvez ajude a explicar por que começou a florescer nos últimos tempos um maior interesse sobre as redes sociais e o *networking* (e donde, eventualmente, a própria razão da escrita deste livro).

No campo da gestão, Jane Dutton tem lançado o repto para uma abordagem mais relacional do funcionamento do mundo organizacional e empresarial[101]. A sua proposta para uma análise das *relações sociais de elevada qualidade*, a que voltaremos no final deste capítulo, é disso um exemplo. No que diz respeito aos estudos sobre liderança, a magnetização e capacidade de atracção de recursos, este é o caminho que começa a despontar: a necessidade de ver a liderança como um processo de relacionamento em rede, mais do que uma questão de características individuais universais. Dito de outro modo, de considerar uma perspectiva de liderança como posicionamento na rede, ou liderança posicional. E nesse caso, as questões que se colocam são: o que é então a «liderança posicional»? Em que consiste e como pode ajudar-nos a construir um caminho de sucesso?

Um dos conceitos centrais em que está alicerçada a liderança posicional provém dos estudos realizados por Ronald Burt, investigador de redes sociais da Universidade de Chicago. Especificamente, Burt tem investigado os benefícios associados ao que designa «buracos estruturais», que define como espaços vazios na estrutura social

---

[101] Dutton (2003).

que originam oportunidades de intermediação capazes de incrementar o capital social de quem os ocupa[102]. O leitor recordará o conceito de «densidade de rede» debatido nos anteriores capítulos e, nesse sentido, ser-lhe-á fácil visualizar que quanto mais densa a rede social, menores serão as oportunidades de intermediação, ou seja, menores serão os «buracos estruturais» existentes para podermos «tapar» e acrescentar ao nosso «saco social» mais uma ligação entre outros indivíduos ou partes.

Como já vimos, as posições de intermediação colocam-nos em posições que nos permitem controlar as ligações entre outros indivíduos ou grupos e aceder, desse modo, a informação e recursos que não poderíamos alcançar de outra forma. Por isso, a identificação e rentabilização dos buracos estruturais é tão crítica para alcançar posições vantajosas nas redes sociais.

Posto isto, como descrever a liderança posicional? Trata-se de uma abordagem que vê a liderança como uma propriedade decorrente do valor da posição que uma pessoa ocupa nas redes sociais, mais do que das suas características pessoais ou do seu comportamento individual. De acordo com esta abordagem, um indivíduo ocupa uma posição de liderança quando ocupa nas redes sociais um lugar que lhe permite obter poder sobre os outros (*i.e.*, influenciar o comportamento destes) e criar neles um efeito de atracção, correspondendo em geral a posições de maior centralidade e intermediação. Por isso, identificar e ocupar buracos estruturais nas redes é uma estratégia importante para alguém se poder tornar líder. Esta concepção de liderança tem, entre outras, as seguintes virtudes: (1) está

---

[102] Burt (2000).

em concordância com o ponto mais consensual para definir o fenómeno da liderança, que é caracterizar um líder como «aquele que tem seguidores», como defendia Peter Drucker([103]); e (2) embora coloque a tónica da liderança na posição ocupada na rede e não nas características do indivíduo, não adopta necessariamente uma perspectiva estruturalista que nega a capacidade de agência e de autodeterminação – pelo contrário, como veremos já em seguida, para ocupar estas posições de liderança as pessoas podem agir deliberadamente de determinadas formas.

Efectivamente, investigações realizadas por autores como Ron Burt têm mostrado correlatos significativos entre certos traços de personalidade e a ocupação de posições de intermediação/buracos estruturais([104]). Um desses estudos, publicado na revista *Social Networks*([105]), mostrou que entre essas características se destacam a procura de autoridade e as personalidades focadas na argumentação e na mudança. Como veremos ainda até ao final deste capítulo, outras capacidades e comportamentos estão geralmente associados à capacidade para ocupar posições nas redes sociais, que permitem aos seus ocupantes aceder ao papel de liderança. Mas, ainda assim, a liderança continua a ser tanto um efeito da posição ocupada na rede como das características de quem a ocupa.

([103]) Prefácio de Peter Drucker ao livro de Hesselbein, Goldsmith, & Beckhard (1996).

([104]) Note o leitor que a direcção causal destas relações é ainda desconhecida. É possível que a personalidade ajude a explicar as posições que tendemos a obter numa rede social, mas também é plausível que a ocupação de determinadas posições nas redes influencie e contribua para mudanças na nossa personalidade.

([105]) Burt, Jannotta, & Mahoney (1998).

Competência *vs* agradabilidade empática: qual a sua preferência?

Na busca dos factores que estão na base da elevada centralidade que algumas pessoas conseguem nas redes sociais, não podíamos deixar de citar o estudo que Tiziana Casciaro e Miguel Sousa Lobo publicaram na *Harvard Business Review* em 2005, sobre os factores críticos de atracção nas redes sociais em contexto de trabalho[106].

Em concreto, estes investigadores levaram a cabo um conjunto de estudos de caso onde procuraram compreender como escolhemos as pessoas com quem queremos trabalhar, caso tenhamos a liberdade para o fazer. Nesses estudos, Casciaro e Sousa Lobo inquiriram os participantes sobre a importância dos dois critérios que podem guiar as nossas escolhas sobre com quem optamos por nos relacionar profissionalmente: a competência para o trabalho e a agradabilidade do interlocutor. O enquadramento que consideraram a partir do cruzamento destas duas dimensões de atracção pode ser sintetizado em quatro tipos diferentes de interlocutores com os quais podemos interagir e que se encontram graficamente identificados na Figura 6.3.

O primeiro tipo possível de interlocutor é a «estrela adorável», que é simultaneamente competente e agradável. O segundo tipo é o «idiota competente», que sabe muito mas que é desagradável no trato. O terceiro tipo é o «idiota incompetente», que não é competente e, ainda por cima, é arrogante e desagradável. Finalmente, existe também o tipo «bobo adorável» que, embora possa não

---

[106] Casciaro & Lobo (2005).

saber muito ou não ser muito competente, está sempre disponível para ajudar. Pense o leitor sobre o tipo de pessoa a que recorreria para obter ajuda na resolução de um problema novo que encontrou no seu trabalho. Como será de esperar, talvez procure em primeiro lugar as «estrelas adoráveis» e evite a todo o custo a interacção com os «idiotas incompetentes». Mas se tiver de optar ente o «idiota competente» e o «bobo adorável», por qual dos dois optava? Dava primazia à competência ou à agradabilidade como critério-chave da sua escolha?

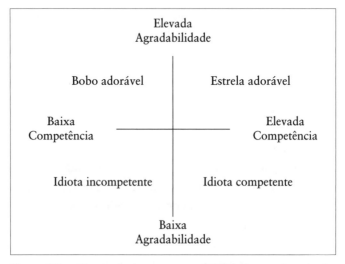

Figura 6.3. – Competência *versus* agradabilidade: estrelas adoráveis, idiotas competentes, idiotas incompetentes e bobos adoráveis

Como é óbvio, os investigadores não questionaram directamente os participantes sobre estas opções, uma vez que, por questões de desejabilidade social, a competência é geralmente tida como mais importante do que a agradabilidade. Por isso, Casciaro e Lobo utilizaram uma estratégia indirecta de análise. Começaram por perguntar às pessoas para indicarem com que frequência interagiam com todos os outros elementos da mesma organização, sobre questões relacionadas com o trabalho. Em seguida, pediram-lhes para avaliarem novamente todos os seus colegas da empresa relativamente ao quanto gostavam pessoalmente de cada um deles e com que qualidade cada um desempenhava o seu trabalho.

Num artigo dos mesmos autores publicado uns anos mais tarde na publicação científica *Administrative Science Quarterly*, Casciaro e Lobo exemplificaram esta encruzilhada da seguinte forma[107]:

> «*Mark* é um engenheiro informático numa empresa empreendedora de tecnologia. O último projecto em que está envolvido exige conhecimentos de um conjunto de ferramentas informáticas novas e com que não está familiarizado. *Mark* conhece duas pessoas na empresa que estão familiarizadas com o *software*. *Mark* vê o primeiro desses colegas, *Andrew*, como altamente capaz e experiente nesse conjunto de ferramentas, mas considera-o uma pessoa desagradável. Pelo contrário, *Mark* considera o segundo colega, *John*, apenas como moderadamente familiarizado com a mesma tecnologia e um programador abaixo da média. Mas o *Mark* gosta do *John* e acha que é maravilhoso poder tê-lo à sua volta. Quem é que é mais provável *Mark* procurar para o referido projecto: *Andrew* ou *John*?»

---

[107] Casciaro & Lobo (2008).

Cada pessoa terá a sua opinião sobre se o mais importante é a competência de Andrew ou a disponibilidade e empatia de John. Mas os resultados obtidos por Casciaro e Lobo, que analisaram mais de dez mil relações de trabalho, demonstram uma conclusão bastante clara: a de que gostar ou não gostar de alguém é, no limite, um melhor preditor das interacções efectivadas no trabalho do que a competência que reconhecemos a essas pessoas. Dito de outro modo, os sentimentos positivos ou negativos que os participantes da experiência tinham para com cada um dos seus colegas explicavam as suas opções de interacção muito para além da competência que lhes reconheciam.

O ponto anterior não significa que a competência não seja importante, mas que as nossas opções de relacionamento tendem primeiramente a basear-se em factores emocionais e na atitude face aos outros, ou seja, quão agradáveis os achamos e gostamos deles. Na verdade, os resultados destes estudos mostraram inclusive um efeito sinérgico entre a competência e a agradabilidade (cientificamente chamado «efeito de moderação»). Em concreto, os resultados mostraram que gostar de alguém pode actuar como alavanca (*i.e.*, como moderador) para aproveitarmos e explorarmos o conhecimento dessa pessoa. Os afectos negativos reduzem a probabilidade de procurarmos alguém por ser competente, enquanto os afectos positivos aumentam a probabilidade de procurarmos alguém (também) por ser competente. Isto quer dizer que, só por si, a competência não é suficiente enquanto como motor de atracção nas redes sociais. O factor crítico é, efectivamente, o quanto nos mostramos agradáveis e disponíveis para ajudar os outros.

Tal constatação não pretende pressupor que a afectividade positiva é a única (nem talvez mesmo a primeira) fonte de atracção nas redes sociais. Mas o seu papel «magnético» parece ser valioso.

Para testar em detalhe até que ponto as *vibrações positivas* que passamos aos outros são importantes para determinar as nossas posições nas redes sociais (*e.g.*, maior centralidade), os autores deste livro recolheram dados numa turma de alunos de um dos cursos que leccionam([108]). Nesse estudo, os alunos foram inquiridos sobre a sua própria personalidade (nomeadamente sobre o seu grau de *optimismo*) e sobre o quanto cada um dos seus colegas os fazia sentir-se mais optimistas quando interagiam com eles. Em seguida, cada um tinha de identificar quais os colegas que escolhia para interagir em quatro situações diferentes: (1) para falar sobre um assunto pessoal, (2) para obter conselhos sobre uma decisão importante que tinham de tomar, (3) para obter ajuda na resolução de um problema relacionado com os estudos e, finalmente, (4) para discutir ideias inovadoras sobre aspectos relacionados com os estudos.

Os resultados foram elucidativos sobre o «poder de rede» de quem consegue gerar estados psicológicos positivos – como o optimismo – nos outros (ver Figura 6.4 para representação gráfica da rede([109])). Os alunos avaliados pelos colegas como mais capazes de gerarem estados positivos de optimismo nas suas interacções sociais, por nós designados de elevado «alter-optimismo», foram mais

---

([108]) Lopes (2006a)

([109]) Gráficos obtidos a partir do *software* de análise de redes sociais UCINET.

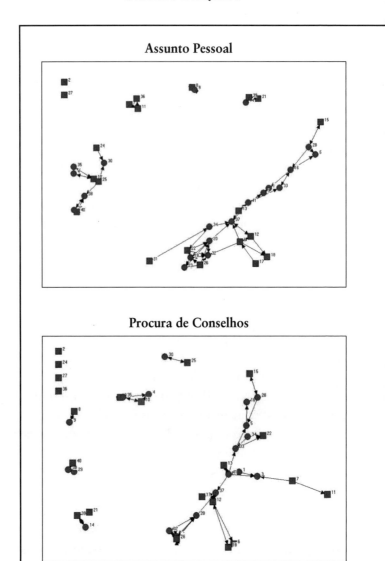

Figura 6.4. – Representação gráfica das escolhas para indivíduos com elevado e com baixo grau de «alter-optimismo»

RELAÇÕES MAGNÉTICAS:
ENERGIZAR OS OUTROS E CRIAR CAPITAL SOCIAL

Resolução de Problemas

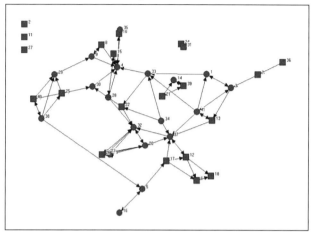

Inovação

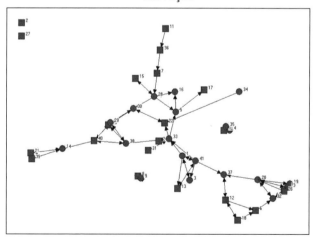

Nota: Os círculos representam os indivíduos avaliados pelos colegas como geradores de elevados estados de optimismo e os quadrados os indivíduos avaliados como menos geradores de optimismo nos outros.

escolhidos pelos outros (denotando portanto, maior centralidade na rede) em todas as quatro situações escolhidas, sendo que a diferença era a maior de todas no caso de se tratar da resolução de um problema (situação 2).

Mais surpreendente ainda, uma outra análise dos mesmos dados[110] mostrou que a personalidade (optimista ou pessimista) dos alunos não influenciava o seu grau de «alter-optimismo» nem a sua posição na rede, ao contrário do esperado. Mesmo um pessimista pode tornar-se atractivo na rede social, caso consiga gerar estados de optimismo nos outros.

Em suma, o poder das posições que podemos ocupar está, em grande medida, ao nosso alcance. Basta para isso que comecemos por centrar-nos mais nos efeitos emocionais que provocamos naqueles que nos rodeiam. Desse modo, poderemos reforçar ou começar a estabelecer aquilo que Jane Dutton qualificou de relações de elevada qualidade. Estas relações referem-se a conexões sociais entre pessoas, marcadas por sentimentos de vitalidade, mutualismo e apreço positivo. Para estabelecê-las, pode começar por seguir o que foi apresentado ao longo deste capítulo. E depois apreciar os impactos positivos no nosso bem-estar e sucesso social. Como a própria Dutton expressou, «numa relação de elevada qualidade, um membro pode receber autonomia e desenvolvimento de um líder e, em troca, o líder pode receber um compromisso forte e um esforço ainda maior por parte do seu seguidor»[111]. Embora as estratégias sejam múltiplas, a fórmula para magnetizar os outros e tornar-se um líder nas suas redes sociais é simples.

---

[110] Lopes (2006b).
[111] Dutton & Heaphy (2003).

Conclusão

Tendo em conta os temas debatidos neste capítulo, muitas são as oportunidades que se abrem ao leitor para reforçar a sua posição nas redes sociais que lhe interessam, obtendo daí mais e melhores recursos para concretizar os seus projectos e ideias. Eis uma síntese das alternativas que fomos sugerindo ao longo do capítulo:

- aproveite os benefícios das duas vias de atracção de recursos e aprenda a utilizar a estratégia adequada para cada situação. Siga primeiro a via indirecta e deite mãos à obra, procurando activamente aqueles de quem precisa ou que o podem ajudar nas suas iniciativas. Mas não se esqueça de ir alargando a sua rede social e a sua notoriedade na rede, a única que lhe permitirá colher benefícios incalculáveis no futuro;
- construa posições de liderança nas redes sociais que interessam para o ajudar a concretizar os seus objectivos pessoais. Pense particularmente na sua posição em termos de centralidade e intermediação. Será que as novidades lhe chegam antes de chegarem à maioria das pessoas?
- desenvolva a capacidade para energizar aqueles que o rodeiam, aproveitando todos os momentos possíveis para praticar comportamentos que exijam o emprego desta capacidade;
- torne-se alguém que incute optimismo nos outros. Nunca rejeite uma iniciativa sem primeiro aceitar ouvi-la e discuti-la com honestidade; caso contrário poderá estar a actuar como um desenergizador;

- seja honesto. Reveja novamente a Figura 6.3 e admita que, por vezes, se pode comportar como um «idiota». Procure estar alerta para esta possibilidade, que é tanto mais provável acontecer quanto mais liderarmos as redes sociais.

Capítulo 7

Comentários finais sobre a arte de bem trabalhar a rede

«- *Do you know everybody?*»
«- *No, I just know everybody who matters...*»[112]

Agora que o leitor chegou ao final deste livro, queremos lembrá-lo de que tudo o que o leu apenas terá efeito prático se conseguir alterar alguns dos seus comportamentos. Outros, porventura, deverão ser reforçados, se for o caso. Se leu o livro seguido, terá chegado a hora de uma breve reflexão sobre as oportunidades que tem para melhorar as suas redes sociais e aplicar as suas competências de *networking*. Se leu o livro em «pequenas doses», certamente já terá tido essa oportunidade.

Em todo o caso, o nosso primeiro apelo nestes últimos parágrafos é para que o leitor defina duas ou três mudanças que pode implementar de imediato para me-

---

[112] Retirado de *cartoon* disponível em: <http://gapingvoid.com/2007/11/14/do-you-know-everybody/>, acedido a 13 de Abril de 2010.

lhorar as suas redes de *networking*. Talvez esteja na hora de tomar a iniciativa de agendar um almoço com aquela pessoa que lhe pode «abrir» uma porta para aceder a um determinado grupo. Ou quiçá juntar-se a um grupo com o qual partilhe um interesse em comum, fazer-se sócio do seu clube desportivo favorito (ou do clube adversário, para recolher informações complementares), ou até mesmo tornar-se militante de um partido político. Não é necessário que sejam grandes mudanças e planos que porventura nunca se concretizarão. O que é preciso é passar à prática. Como tal, duas ou três mudanças poderão fazer uma grande diferença. Por isso, mãos à obra.

Lembrar-se-á o leitor de lhe termos prometido um livro sem receitas fáceis, antes centrado na partilha da informação mais relevante e actualizada sobre o tema do *networking* e das redes sociais. Lembrar-se-á que teremos referido que o livro teria um cariz de reflexão e que envolveria raciocínio estratégico. Pois bem, esperamos ter correspondido a essa promessa. O nosso alento vai para o facto de sabermos que o leitor chegou até aqui na sua leitura, o que significa que, ou teremos cumprido essa nossa promessa ou, alternativamente, que o leitor terá exercitado a sua resiliência. Em qualquer dos casos, ficamos satisfeitos com a contribuição que julgamos ter tido.

Queremos também deixar uma palavra final sobre a importância das redes sociais na *internet*. Páginas electrónicas de *networking* social são hoje visitadas por milhões de internautas todos os dias. Sítios de interacção social na *web* como o Facebook e o LinkedIn, entre outros, são hoje tão populares e indispensáveis que se tornaram uma indústria. Talvez mesmo uma das principais indústrias do início deste século. Por isso, merecem toda a nossa atenção e investimento.

É certo que esta realidade virtual foi pouco mencionada ao longo do livro, principalmente porque o foco do mesmo se centrou nos princípios fundamentais que regulam a interacção humana, seja no espaço real seja no virtual. Como tal, esses princípios existem muito para além do meio de comunicação que se está a utilizar, seja o telefone fixo, o telemóvel de segunda geração ou os motores de interacção social virtual mais sofisticados, como o Twitter. Em todo o caso, e seja qual for meio de comunicação que se utilize, a interacção social continuará a seguir as regras fundamentais que explorámos ao longo deste livro. Conceitos como «grupos de interesse», «laços fortes e laços fracos», «intermediação» e «centralidade», sempre foram, são, e continuarão provavelmente a ser os determinantes cruciais das nossas interacções sociais. E do nosso sucesso pessoal e profissional.

Mas não nos iludamos sobre as potencialidades da *web* e a sua supremacia sobre outros meios de comunicação. Tal como vimos ao longo do livro, também aqui deveremos adoptar uma perspectiva estratégica. É certo que algumas das novas tecnologias de comunicação apresentam grandes vantagens, tais como a rapidez, a abrangência e a interactividade que possibilitam. Mas não devemos esquecer que há vantagens nos outros métodos de comunicação que não existem na *web*. Evidências empíricas desta constatação foram já obtidas em investigações recentes.

Rob Cross[113], já citado neste livro, apresentou um estudo com base na análise de redes sociais no qual foi

---

[113] Cross, Parker, Prusak, & Borgatti (2001)

pedido a 40 gestores de uma unidade industrial para reflectirem acerca de um projecto recente que tivesse sido importante para as suas carreiras, bem como para indicarem onde tinham obtido a informação mais crítica para o sucesso desse projecto. Os resultados mostraram inequivocamente que essa informação provinha de outras pessoas, em muito maior grau do que de fontes impessoais, tais como arquivos de computador, da *internet* ou mesmo de bases de dados de gestão do conhecimento da empresa. Trinta e quatro dos gestores mencionaram procurar a informação noutras pessoas, 16 em ficheiros arquivados em computadores, 10 na internet e outros 10 em bases de dados existentes na empresa.

Embora ainda de cariz exploratório, este estudo revela que, ao contrário do que muitas vezes julgamos, a informação mais crítica e determinante para o nosso sucesso não está na *internet* nem é facilmente acessível a todos. Pelo contrário, essa informação encontra-se muitas vezes na posse de poucas pessoas que, por razões variadas, dela vieram a tomar conhecimento. Na verdade, esta constatação não surpreende se atendermos a que os factores diferenciadores que concedem uma vantagem competitiva são aqueles que tendem a ser difíceis (ou mesmo impossíveis) de imitar e que, como tal, não se encontram à disposição de qualquer um[114]. Certo é que a informação que realmente interessa e que pode jogar de forma relativamente única a favor dos nossos objectivos não se encontra livre nem facilmente acessível na *internet* ou em qualquer outro meio. Pelo contrário, se a informação está acessível a todos é porque é redundante ou tem pouco valor diferenciado.

---

[114] Porter (1980)

Além disso, todos conhecemos os benefícios de seguir a referência de alguém no que se refere à confiança que temos nessa recomendação. Um exemplo fácil: se quisermos um canalizador, podemos facilmente pesquisar na *internet* (a verdade é que desde há muito que o podemos fazer nas Páginas Amarelas). Mas se pudermos obter a referência de um canalizador recomendado por uma pessoa da nossa rede que já tenha dele obtido algum serviço, provavelmente escolheremos este último. Há muitas razões para isso acontecer, entre as quais se encontram o facto de termos uma prévia avaliação da qualidade que podemos esperar do trabalho realizado pelo canalizador e o facto de o canalizador não querer deixar «ficar mal visto» o amigo que o referenciou.

A *internet* e as novas tecnologias da informação não vieram eliminar a importância dos outros canais de relação social e de comunicação. Pelo contrário. Podemos fazer aqui uma analogia entre as redes sociais e a estratégia empresarial tendo, mais uma vez, o trabalho de Michael Porter como pano de fundo. Durante a explosão da *internet* nos anos 1990, muitos vaticinaram a extinção e inutilidade do conceito de estratégia. Mas como Michael Porter[115] defendeu num artigo publicado em 2001 na *Harvard Business Review*, os factos vieram a mostrar precisamente o contrário. Nas próprias palavras de Porter:

> «Muitos argumentaram que a internet tornaria a estratégia obsoleta. Na realidade, o contrário é que é verdade. Porque a internet tende a enfraquecer o lu-

---

[115] Porter (2001)

cro das empresas de um sector sem fornecer vantagens operacionais de propriedade, é mais importante do que nunca que as empresas se consigam distinguir através da estratégia. Os vencedores serão aqueles que vêm a internet como um complemento e não como um canibal das formas tradicionais de competir» (p. 63).

A nossa visão é a de que o mesmo se passa entre as redes sociais «reais» e as redes sociais «virtuais». Acreditamos que as relações sociais se alteram em função das características dos canais de comunicação pelas quais se estabelecem. Mas os princípios que regem as relações entre as pessoas permanecem os mesmos. Na verdade, em alguns casos, a tecnologia pode até amplificar as diferenças naturalmente existentes. Por exemplo, os indivíduos que apresentam a tendência para agir como intermediários podem beneficiar amplamente do *software* social de que agora dispõem, permitindo amplificar essa capacidade de *networking*. O mesmo vale para quem procura socializar com pessoas que tenham um interesse comum. Os grupos de interesse já existem há muitos séculos, mas com a *internet* hoje é mais fácil e mais rápido encontrá-los e associarmo-nos a eles.

Em suma, ao invés de tornar o nosso conhecimento sobre as redes sociais obsoleto, a *internet* possibilita uma potenciação do conhecimento que fomos debatendo ao longo do livro. Ser um bom *networker* não é ter muitos «amigos» no Facebook ou no Hi5, ou muitos contactos profissionais no LinkedIn. Tal como escrito no *cartoon* citado no início deste capítulo final, não é preciso conhecermos todas as pessoas (ou sequer muitas) para sermos bons *networkers* e termos redes sociais de sucesso. Basta conhecermos as pessoas certas para concretizarmos os nossos objectivos e para conseguirmos alcançar as realizações que almejamos. E colocarmos em prática de forma deliberada e estratégica as lições que discutimos ao longo do livro. Há, lá fora, um pequeno mundo desconhecido à sua espera.

Referências

Capítulo 1

Boxman, E.A.W, De Graaf, P.M., & Flap, H.D. (1991). The impact of social and human capital on the income attainment of Dutch managers. *Social Networks, 13*, 51-73.

Cohen, S., Doyle, W.J., Turner, R., Alper, C.M., & Skoner, D.P. (2003). Sociability and susceptibility to the common cold. *Psychological Science, 14*(5), 389-95.

Dekker, A. (2007). The Eurovision song contest as a 'friendship' network. *Connections, 27*(3), 53-8.

Dunbar, R. (1998). The social brain hypothesis. *Evolutionary Anthropology, 6*, 178–90.

Gladwell, M. (2000). *The tipping point: How little things can make a big difference*. Boston: Little Brown.

Milgram, S. (1967). The small world problem. *Psychology Today, 1*, 60-67.

Rastogi, N.S. (2010). Network of 'kind souls' rescues a lost traveller. *International Herald Tribune*, April 24-25, 1 & 4.

Senor, D. & Singer, S. (2009). *Start up nation: The story of Israel's economic miracle*. Nova Iorque; Twelve.

THE ECONOMIST (2010). A world of connections. Special report, January 30.
WATTS, D.J. (2004). *Six degrees: The science of a connected age*. Nova Iorque: W.W. Norton.

Capítulo 2

BRASS, D.J. (1984). Being in the right place: A structural analysis of individual influence in an organization. *Administrative Science Quarterly, 29*, 518-39.
CROSS, R., & PARKER, A. (2004). *The hidden power of social networks: Understanding how work really gets done in organizations*. Boston, MA: Harvard Business School Press.
MORENO, J.L. (1934). *Who shall survive?* Washington, DC: Nervous and Mental Disease Publishing Company.
SPARROWE, R.T., LIDEN, R. C., WAYNE, S.J., & KRAIMER, M.L. (2001). Social networks and the performance of individuals and groups. *Academy of Management Journal, 44*(2), 316-25.
SOL, 30 de Outubro de 2009.

Capítulo 3

BLAU, P.M., & DUNCAN, O.D. (1967). *The American occupational structure*. Nova Iorque: Wiley.
CARPENTER, D., ESTERLING, K., & LAZER, D. (2003). The strength of strong ties: A model of contact-making in policy networks with evidence from the U.S. health politics. *Rationality and Society, 15*(4), 411-40.
CLARK, M.S., & REIS, H.T. (1988). Interpersonal processes in close relationships. *Annual Review of Sociology, 39*, 609-72.
DE GRAAF, N.D. & FLAP, H.D. (1988). "With a little help from my friends": Social resources as an explanation of occupational status and income in West Germany, the Netherlands, and United States. *Social Forces, 67*(2), 452-72.
GRANOVETTER, M. (1983). The strength of weak ties: A network theory revisited. *Sociological Theory, 1*, 201-33.
GRANOVETTER, M. (1974). *Getting a job: A study of contacts and careers*. Cambridge, MA: Harvard University Press.

REFERÊNCIAS

Goleman, D. (1995). *Inteligência emocional*. Lisboa: Círculo de Leitores.

Gouldner, W. (1960). The norm of reciprocity: A preliminary statement. *American Sociological Review, 25*, 161-78.

Jung, J. (1987). The social psychology of social support. *Basic and Applied Social Psychology, 8*(1&2), 57-83.

Lin, N. (1999). Social networks and status attainment. *Annual Review of Sociology, 25*, 467-487.

McGuire, A.M. (2003). "It was nothing" – Extending evolutionary models of altruism by two social cognitive biases in judgements of the costs and benefits of helping. *Social Cognition, 5*, 363-394.

Plickert, G., Côté, R.R., & Wellman, B. (2007). It's not who you know, it's how you know them: Who exchanges what with whom? *Social Networks, 29*, 405-429.

Puzzo, M., & Coppola, F.F. (1972). *The Godfather*. Paramount Pictures, Los Angeles.

Tausig, M, & Michello, J. (1988). Seeking social support. *Basic and Applied Social Psychology, 9*(1), 1-12.

Uzzi, B. (1996). The sources and consequences of embeddedness for the economic performance of organizations: The network effect. *American Sociological Review, 61*, 674-698.

Warde, A., Tampubolon, G., & Savage, M. (2005). Recreation, informal social network and social capital. *Journal of Leisure Research, 37*(4), 402-425.

Whatley, M.A., Webster, J.M., Smith, R.H., & Rhodes, A. (1999). The effect of a favour on public and private compliance: How internalized is the norm of reciprocity. *Basic and Applied Social Psychology, 21*(3), 251-259.

Jornal de Negócios, 30 de Novembro de 2005.

Capítulo 4

Cunha, M.P., Rego, A., Lopes, M.P. & Ceitil, M. (2008). *Organizações positivas: Manual de trabalho e formação*. Lisboa: Sílabo.

Fredrickson, B. L., & Branigan, C. (2005). Positive emotions broaden the scope of attention and thought-action repertoires. *Cognition & Emotion, 19*, 313-32.

IBARRA, H. (1995). Race, opportunity and diversity of social circles in managerial networks. *Academy of Management Review, 38*, 673-703.

IBARRA, H. (1993). Personal networks of women and minorities in management: A conceptual framework. *Academy of Management Review, 18*, 56-87.

LOUCH, H. (2000). Personal network integration transitivity and homophily in strong-tie relations. *Social Networks, 22*, 45--64.

MARSDEN, P.V. (1988). Homogeneity in confiding relations. *Social Networks, 10*, 57-76.

MCPHERSON, M., SMITH-LOVIN, L., & COOK, J.M. (2001). Birds of a feather: Homophily in social networks. *Annual Review of Sociology, 27*, 415-44.

OTTEN, S., & MOSKOWITZ, G.B. (2000). Evidence for implicit evaluative in-group bias: Affected-biased spontaneous trait inference in a minimal group paradigm. *Journal of Experimental Social Psychology, 36*, 77-89.

PERDUE, C.W., DOVIDIO, J.F., GURTMAN, M.B., & TYLER, R.B. (1990). Us and them: Social categorization and the process of intergroup bias. *Journal of Personality and Social Psychology, 59*, 475-486.

SEIDEL, M.-D. L., POLZER, J.T., & STEWART, K.T. (2000). Friends in high places: The effects of social networks on discrimination in salary negotiations. *Administrative Science Quarterly, 45*, 1-24.

TAJFEL, H. (1982). Social psychology of intergroup relations. *Annual Review of Psychology, 33*, 1-39.

TAJFEL, H. & TURNER, J.C. (1986). The social identity theory of inter-group behavior. In S. Worchel & L.W. Austin (Eds.), *Psychology of Intergroup Relations*. Chicago: Nelson-Hall.

Capítulo 5

AYLING, J. (2009). Criminal organizations and resilience. *International Journal of Law, Crime and Justice, 37*, 182-96.

BAKER, W.E., & FAULKNER, R.R. (1993). The social organization of conspiracy: Illegal networks in the heavy electrical equipment industries. *American Economic Review, 58*, 837-60.

CUNHA, M.P., & CUNHA, J.V. (2006). Towards a complexity theory of strategy. *Management Decision, 44*(7), 839-50.

ERICKSON, B.H. (1981). Secret societies and social structure. *Social Forces, 60*, 188-210.

JONES, K. (2006). Al-Qaeda's innovative improvisers: Learning in a diffuse transnational network. *Cambridge Review of International Affairs, 19*(4), 555-69.

KLERKS, P. (2001). The network paradigm applied to criminal organizations: Theoretical nitpicking or a relevant doctrine for investigators? Recent developments in the Netherlands. *Connections, 24*(3), 53-65.

KREBS, V.E. (2002). Mapping networks of terrorist cells. *Connections, 24*(3), 43-52.

LOPES, M.P. & CUNHA, M.P. (2006). All that glitters is not gold: A critically-constructive analysis of positive organizational behavior. FEUNL Working Paper Series No. 498. Disponível em SSRN: http://ssrn.com/abstract=941947

MORSELLI, C., & GIGUERE, C. (2006). Legitimate strengths in criminal networks. *Crime, Law, & Social Change, 45*(3), 185--200.

MORSELLI, C., GIGUERE, C., & PETIT, K. (2007). The efficiency/security trade-off in criminal networks. *Social Networks, 29*, 143-53.

REGO, A., CUNHA, R. C. & CARDOSO, C. C. & CUNHA, M. P. (2003). *Comportamento organizacional e gestão – Casos portugueses e exercícios*. Lisboa: RH Editora.

ROSS, J., & GURR, T. (1989). Why terrorism subsides: A comparative study of Canada and the United States. *Comparative Politics, 21*(4), 405-26.

SPARROW, M.K. (1991). The application of network analysis to criminal intelligence: An assessment of the prospects. *Social Networks, 13*, 251-74.

STOHL, M. (2008). Networks, terrorists and criminals: The implications for community policing. *Crime, Law, & Social Change, 50*, 59-72.

VAN DER HULST, R.C. (2009). Introduction to social network analysis (SNA) as an investigative tool. *Trends in Organized Crime, 12*, 101-21.

VICZIANY, M. (2007). Understanding the 1993 Mumbai bombings: Madrassas and the hierarchy of terror. *Journal of South Asian Studies, XXX (1)*, 43-73.

Williams, P. (2001). Transnational Criminal Networks. *In* J. Arquilla & D. Ronfeldt (Eds.), *Networks and netwars* (pp. 61-97). Santa Monica: Rand.

Capítulo 6

Baron, R.A. (2002). OB and entrepreneurship: The reciprocal benefits of closer conceptual links. In L.L. Cummings & B.M. Staw (orgs.), *Research in Organizational Behavior* (vol.24, pp. 225-269). Greenwich: JAI Press.

Burt, R.S. (2000). The network structure of social capital. In L.L. Cummings, & B.M. Staw (Eds.), *Research in Organizational Behavior* (Vol. 22, pp. 345-423). Greenwich, CT: JAI Press.

Burt, R.S., Jannotta, J.E., & Mahoney, J.T. (1998). Personality correlates of structural holes. *Social Networks, 20*, 63-87.

Casciaro, T. & Lobo, M.S. (2008). When competence is irrelevant: The role of interpersonal affect in task-related ties. *Administrative Science Quarterly, 53*, 655-84.

Casciaro, T. & Lobo, M.S. (2005). Competent jerks, lovable fools and the formation of social networks. *Harvard Business Review, June,* 92-9.

Cross, R., & Parker, A. (2004). *The hidden power of social networks: Understanding how work really gets done in organizations.* Boston, MA: Harvard Business School Press.

Cross, R., Baker, W., & Parker, A. (2003). What creates energy in organizations? MIT *Sloan Management Review, 44,* 51-7.

Cunha, M.P., Clegg, S.R. & Mendonça, S. (2010). On serendipity and organizing. *European Management Journal.*

Cunha, M.P., Rego, A. & Cunha, R.C. (2007). *Organizações positivas.* Lisboa: Dom Quixote.

Cunha, M.P., Rego, A., Lopes, M.P., & Ceitil, M. (2008). *Organizações positivas: Manual de trabalho e formação.* Lisboa: Sílabo.

Cunha, M.P., Rego, A., Cunha, R.C. & Cabral-Cardoso, C. (2006). *Manual de comportamento organizacional e gestão* (5.ª edição). Lisboa: RH Editora.

Dutton, J.E. (2003). *Energize your workplace: How to create and sustain high quality connections at work.* San Francisco: Jossey Bass.

REFERÊNCIAS

DUTTON, J.E., & HEAPHY, E.D. (2003). The power of high-quality connections. In K.S. Cameron, J.E. Dutton, & R.E. Quinn (Eds.), *Positive organizational scholarship: Foundations of a new discipline* (pp. 263-78). San Francisco: Berrett-Kohler.

DUTTON, J.E., & RAGINS, B.R. (2007). *Exploring positive relationships at work: Building a theoretical and research foundation.* Mahwah, NJ: Lawrence Erlbaum.

HESSELBEIN, F., GOLDSMITH, M. & BECKHARDT, R. (1996). *The leader of the future.* San Francisco: Jossey-Bass.

LOPES, M.P. (2006a). The flow of optimism in social networks: Optimism induction and the extraordinary feelings of everyday work. Invited Speak at the Third Bi-Annual Conference on POS. University of Michigan, Ann Arbor, 7th-9th December.

LOPES, M.P. (2006b). How do they flock together: Innovation and problem-solving networks of optimism inductors". Presented at the Fifth Gallup International Positive Psychology Summit, Washington DC, 5th-7th October.

LOPES, M.P., CUNHA, M.P., & PALMA, P.J. (2009). Cases studies on what entrepreneurs actually do to attract resources: A two-route framework. *Journal of Enterprising Culture, 17*(3), 323-49.

LOPES, M.P., CUNHA, M.P., & REIS, F. (2006). Marketing de ideias e construção de redes: As duas vias de atracção de recursos para novos empreendimentos. *Comportamento Organizacional e Gestão, 12*(1), 115-36.

MILES, S.A. & WATKINS, M.D. (2007). The leadership team: Complementary strengths or conflicting agendas? *Harvard Business Review, 85*(4), 90-8.

NORTHOUSE, P.G. (1997). *Leadership: Theory and practice.* London: Sage.

QUINN, R.W., & DUTTON, J.E. (2005). Coordination as energy-in-conversation. *Academy of Management Review, 30*(1), 36-57.

RAMALHO, A.C., PALMA, P.J., & LOPES, M.P. (2010). High voltage: Leaders energizing work teams. In Morin, E., Ramalho, N., Neves, J. & Savoie, A. (orgs.), *New research trends in effectiveness, health, and work: A Criteos scientific and professional account* (2nd ed., pp.281-96). Montreal: Criteos/HEC-Montreal.

REGO, A. & CUNHA, M.P. (2003). *A essência da liderança.* Lisboa: RH Editora.

Ross, L. (1977). The intuitive psychologist and his shortcomings: Distortions in the attribution process. In L. Berkowitz (Ed.), *Advances in Experimental Social Psychology* (vol. 10, pp. 173-220). Nova Iorque: Academic Press.

Shuyun, S. (2006). *The long march: The true history of communist China's founding myth*. Nova Iorque: Doubleday.

Stinchcombe, A. (1965). Organizations and social structure. In J. March (Ed.). *Handbook of Organizations*, pp. 153-193. Chicago: Rand-McNally.

Conclusão

Cross, R., Parker, A., Prusak, L., & Borgatti, S.P. (2001). Knowing what we know: Supporting knowledge creation and sharing in social networks. *Organizational Dynamics, 30*(2), 100-20.

Porter, M.E. (2001). Strategy and the Internet. *Harvard Business Review*, March.

Porter, M.E. (1980). *Competitive strategy: Techniques for analyzing industries and competitors*. Nova Iorque: Free Press.

Índice

Prefácio 7

Introdução 11

Capítulo 1 – Seis graus de separação: A natureza das
redes sociais 17
   Macacos, chimpanzés e massa cinzenta:
   os seus 150 contactos-chave 26
   Conclusão 32

Capítulo 2 – Brilhar como uma estrela: centralidade e outros
conceitos fundamentais para a movimentação nas redes   35
   O pequeno mundo de Hollywood:
   o oráculo de Kevin Bacon 40
   Um pequeno mundo em Hollywood:
   o alcance de Clint Eastwood 46

O *"one man show"*, as faces ocultas e as redes
ocultas: o caso dos duplos 49
Conclusão 52

Capítulo 3 – À procura de emprego: muitos «conhecidos» ou «poucos amigos»? 55
Como encontrar um emprego...
ou outra coisa qualquer 60
A regra de ouro 67
A reciprocidade nos laços fortes e nos laços fracos . . 73
Partidos políticos e clubes de golfe:
camaradagem e grupos de interesse 77
Conclusão 82

Capítulo 4 – Voando em bando: O poder da semelhança 85
Identidade social e homofilia 90
Homofilia de estatuto e homofilia de valores . . . 93
Homofilia, heterofilia e diversidade 94
A activação das identidades salientes 96
Conclusão 101

Capítulo 5 – Máfia, Al-Qaeda e outras organizações ilegais: a gestão de redes invisíveis 103
Mercados, hierarquias e redes 104
Segurança e secretismo *vs* eficiência e coordenação 117
Como combater uma rede social 124
Preconceitos, estereótipos e raciocínio contrafactual:
olhando além do óbvio 131
Conclusão 136

**Capítulo 6 – Relações magnéticas: energizar os outros e
criar capital social** 139
   As duas vias de atracção: O que podemos aprender
      com os empreendedores 142
   Liderança energizante 149
   Liderança posicional. 152
   Competência *vs* agradabilidade empática: qual a sua
      preferência? 161
   Conclusão 169

**Capítulo 7 – Comentários finais sobre a arte de bem
trabalhar a rede** 171

Referências 179